¡Sigue! 1

curso avanzado

primera parte
segunda edición

teacher's resource book

John Connor
Helen Jiménez
David Mort
Niobe O'Connor

John Murray

Acknowledgements

The authors and publishers would like to thank the following sources for permission to reproduce text extracts:

p.35 Moros y Cristianos (transcript), www.gestmusic.es;
p.58 Conseguir un chollo (transcript), Quo no. 43, April 1999;
pp.74, 75 National Trust; **p.76** Ryedale Tourist Board; **p.78** National Trust; **p.79** Ryedale Tourist Board; **p.86** Mía no. 634, November 1998;
p.91 Accidentes de tráfico, El Mundo online: www.elmundo.es

Photo acknowledgements:
p.76 Images Colour Library/Age Fotostock; **p.78** *all photos* National Trust Photographic Library; **p.79** Eye Ubiquitous/James Davis;
p.80 Getty Stone; **p.86** Eye Ubiquitous; **p.87** *t and b* Getty Stone.

First published 1995
by John Murray (Publishers) Ltd
50 Albemarle Street
London W1S 4BD

Second edition 2000

Reprinted 2001

Layouts by Jenny Fleet
Illustrations by Mike Humphries. Artwork on p.75 reproduced by kind permission of Pauline Judge Williams.
Cover design by John Townson/Creation
Typeset in 10.5/12pt Walbaum by Wearset, Boldon, Tyne and Wear
Printed in Great Britain by Selwood Printing Ltd. Burgess Hill, West Sussex

A CIP record for this publication is available from the British Library

ISBN 0 7195 8523 6
Student's Book ISBN 0 7195 8522 8
Cassette set ISBN 0 7195 8524 4

Contents

Introduction

Students of Spanish who are making the move from GCSE to A or AS level, or from Standard Grade to Higher, are used to a finite concept of language, and all but the most able find it difficult to manipulate language and respond personally. Indeed, even able students have found the transition to advanced level work daunting. The problem of bridging the gap between a communicative-led language background and the more rigorous academic and intellectual demands of sixth-form work is one that has long been widely recognised by teachers. *¡Sigue! 1* and *¡Sigue! 2* now form a two-part course whose success in its first, single-part edition shows that it goes at least some of the way towards tackling this challenge effectively. *¡Sigue! 1* is the first part of the course and this introduction will focus on how it should be used.

grasp of grammatical structure. We therefore present the grammar in an authentic context, reinforcing it by regular *consolidación* exercises cross-linked to the texts and to the comprehensive grammar reference section at the back of the Student's Book. We are convinced that a monolingual approach to language learning is an effective method of building the students' capacity for self-expression in the language and we therefore present these exercises in Spanish.

In devising the structure of *¡Sigue! 1*, we have constantly borne in mind the need for a user-friendly approach for students and teachers alike. The course has a clear layout and provides easy access to the texts and exercises.

How does ¡Sigue! 1 *relate to GCSE and Standard Grade?*

¡Sigue! 1 is aimed at students who have achieved at least grade C at GCSE, and equips the student to approach A level work confidently. It offers a complete course for students of AS level Spanish, taking them to the required standard and practising appropriate language work. In Scotland *¡Sigue! 1* may be used as a complete course for students who have achieved general level at Standard Grade and are taking Higher Spanish.

What are the principles on which the course is based?

We start from the sound educational principle of going from the known to the unknown. In order to build up students' confidence, we begin at a level which they have already attained and we present topic areas with which they are already familiar. We firmly believe in preserving what we see as the best elements of the communicative approach to language. Therefore, we make extensive use of stimuli which promote active use of language in both the spoken and written forms.

We also believe strongly that success at an advanced level depends essentially on a firm

What does ¡Sigue! 1 *include?*

The Student's Book

¡Sigue! 1 has eight units, each one looking at aspects of an advanced level topic (see Contents list) and specific language points which are listed at the start of the unit. The early units cover topics which extend naturally from areas students will have been used to working in for GCSE. Many of the task formats will also be familiar to students, as they are similar to the kind of activities they have done for GCSE, although the language, naturally, soon becomes more demanding. The sources are often – but by no means exclusively – journalistic. Literary extracts are also used as reading stimuli, and are exploited both linguistically and in terms of what the author is aiming to express. All the literary extracts can also be found on the cassette.

The following features appear regularly throughout the course to develop language skills:

¡Exprésate! presents key expressions which can be 're-applied' in a range of contexts, often to express an opinion or carry forward an argument.

Consolidación practises a specific grammar point arising from the text.

¡Infórmate! presents background information about Spanish-speaking communities and cultures.

¿Cómo se dice... ? provides tips on pronunciation and intonation to improve your students' Spanish accent, using recordings and practical guidance.

After the eight units comes a **Study Skills** unit giving practical guidelines on how the four skills, as well as dictionary and ICT skills, should be developed through the course. This is followed by the **Grammar Reference** section, in English. Finally, at the back of the book, is the **Vocabulary** – the Spanish–English vocabulary list. This is supplied for quick reference, but it is expected that advanced students will be building the habit of using a dictionary effectively. There is a section on dictionary skills in the Study Skills unit.

■ Should the units be used sequentially?
¡Sigue! 1 will work best if used sequentially, though we recognise that you may wish to favour those themes which fit best into your own scheme of work. There is a progression of difficulty through the book. However, if you prefer not to work in this way, we would advise simply that you use *Unidades* 1 and 2 first, before you choose from the remaining six units.

■ ICT opportunities
The following general guidelines indicate how ICT can open up various kinds of task, beginning with ideas in the coursebook itself but adding a further dimension.

■ Internet opportunities
There are references at numerous points in the course to relevant websites. Page 191 of the Student's Book lists a selection of websites that are recommended as interesting sources on aspects of the topics covered in the units of the course; they will also, of course, act as 'gateways' to further sites once students start surfing.

The Teacher's Resource Book

■ Matrix of activities
This provides an at-a-glance overview of the range of activities and allows you to select certain activity types for practice if you wish.

■ Matrix of ICT opportunities
This identifies tasks which lend themselves to an ICT application: wordprocessing (most often); database or graphics. Where tutor input or preparation would be sensible, this is indicated, but for each 'opportunity' there are notes on how students should proceed. The tasks are identified in the Student's Book by the icon [ICT].

■ Matrix of grammar points
This is a quick means of checking where particular grammar points are practised in the course, so that you can easily focus on a chosen area.

■ Transcripts and answers for Student's Book units
The answers and transcripts are integrated for each unit. Tasks marked with a (✓) are **core tasks**, selected to ensure coverage of key topic and grammar areas if your time is limited. Tasks marked with a (*) are more demanding tasks, identified to facilitate differentiation.

■ Assessment unit
This photocopiable unit offers a convenient form of end-of-year practice or mock exam papers to help prepare for the speaking, reading, writing and listening requirements of the AS examination. See the details given at the start of the unit on page 73.

■ Coursework suggestions
A list of possible themes, related to the unit topics of *¡Sigue! 1*, is provided on page 94, but it is not intended to be prescriptive. Your syllabus will also contain suggestions, and students will no doubt also develop their own ideas based on the content of the course and on their own experience and sources.

Wordprocessing software can be used to . . .	Desk-top publishing software can be used to . . .	Database software can be used to . . .
• store text which can be gapped for completion by students at differentiated levels	• create and store templates for displayed text such as a CV or a map	• store and edit data on related aspects of a topic
• store tables for completion by students	• create a site for promotional or journalistic writing tasks	• generate the field names needed to create a database from a set of information
• store grid formats which can be re-used in different contexts	• work with graphics and statistics	• collect and present statistical information for coursework purposes
• provide templates for, e.g., formal letter writing or faxes	• present coursework that requires visual or graphic input as well as text	
• do sequencing tasks		
• download and edit information from the Internet		

Matrix of activities

	Unidad 1	Unidad 2	Unidad 3
comprehension questions	1.3B	2.12A	3.4B
take notes from a written source	1.11A		3.1B; 3.5G; 3.9C; 3.12C
take notes from an aural source		2.1A; 2.6D	3.5G, I; 3.8A; 3.10A
true/false from a written source		2.3A; 2.6A	3.6A; 3.7A
true/false from an aural source	1.9A	2.2A	3.3A
gap-fill based on a written source	1.3C; 1.5C; 1.8C	2.5B; 2.10D	3.5C; 3.11C
gap-fill based on an aural source	1.4C; 1.13B	2.2B	3.6E; 3.11C; 3.12F
transcription			
match sentence halves/parts	1.7A	2.9B; 2.11A	3.1A; 3.2B; 3.12D
sentence completion	1.8A; 1.12A	2.10A	3.7E; 3.8D; 3.9E; 3.10B
correct errors in a transcript/summary		2.11B	3.5E
find TL equivalent of English phrase/term	1.7B; 1.8B; 1.10B	2.1B; 2.11B	3.9B
find synonymous/antonymous TL terms	1.9B; 1.11C; 1.12B	2.5A; 2.8B; 2.9A	3.5B; 3.6B; 3.8C; 3.10C; 3.12B
match e.g. headings to paragraphs	1.2A; 1.5A; 1.6A; 1.11B		3.1D; 3.5A; 3.6C; 3.7B; 3.9A, D; 3.12A
match opinions/statements to speakers	1.1A; 1.4A, B, D, E; 1.10A	2.7A	3.2A; 3.4A; 3.8B
explain key points from a text			3.7C
re-sequence sentences/phrases		2.8A	3.1E
paraphrase in TL			3.1C; 3.12G
multiple-choice comprehension	1.2B; 1.3A; 1.13A	2.6B; 2.9D; 2.10D	3.3B; 3.11B; 3.12E
multiple-choice cloze on grammar	1.2; 1.3; 1.6	2.1; 2.9	
word families – identify related words	1.5B; 1.10C	2.5C; 2.10B	3.5F
personal response to TL text	1.2C; 1.3D; 1.4E		
transfer of meaning into English	1.2C; 1.11D	2.5E; 2.9C; 2.10C	3.5D; 3.8E; 3.12F
transfer of meaning into English (work context)		2.6D	3.5I
transfer of meaning into TL	1.6C	2.3C; 2.6C	3.7D
summary in TL		2.4A	
interpreting			
role play/pairwork	1.1B; 1.7C; 1.8D; 1.10D	2.3B, D; 2.8C	3.13H
write formal/business letter/fax/e-mail (c100wds)		2.4B; 2.6D; 2.7C	3.5I
write a social letter/fax/e-mail	1.9C		3.8F
extended writing (e.g.report, article, essay)			3.4D; 3.10C
pair or group discussion of a situation/question		2.3B	3.8G; 3.12H
oral presentation of a topic (>3 mins)	1.6B	2.7B	3.5H; 3.9F; 3.12H
short writing task (50–100 words)	1.10C; 1.12C	2.1C; 2.5D; 2.10B	3.4C; 3.12G, H

Unidad 4	Unidad 5	Unidad 6	Unidad 7	Unidad 8
4.2C; 4.7E; 4.8B	5.7B	6.9F, H; 6.10C	7.5E; 7.11A, C	
4.3A	5.2A; 5.8C; 5.11B; 5.12A; 5.13C	6.1A, D; 6.9G; 6.10A	7.2C; 7.7A	8.10B
4.7B, D	5.2D	6.3E; 6.5E; 6.8B	7.1D; 7.5D, E; 7.9A; 7.11C	8.4C
4.1B; 4.7A; 4.9A; 4.12A	5.9C	6.3B; 6.7E	7.3B; 7.5A; 7.8	8.1B; 8.5A; 8.6B
4.3C; 4.8A, D		6.4A; 6.9F	7.1E; 7.10C; 7.11B; 7.13B	
	5.12C		7.2D; 7.3C; 7.5B; 7.7E	
4.8E		6.4B	7.1C; 7.10D	8.10C; 8.12A
		6.7G		
	5.8B	6.1B	7.7B	8.4B
	5.6C; 5.11C	6.5A; 6.6	7.12A	
4.8A	5.7C	6.5B; 6.10B	7.4A; 7.6C	8.3B; 8.7C
4.1C; 4.4C; 4.5B; 4.11A	5.2B	6.2B, D	7.7D	
4.2A, B; 4.4B; 4.9C	5.6B; 5.7A; 5.8A; 5.10B; 5.11A; 5.13B	6.3A; 6.7A; 6.7D; 6.9B	7.10B; 7.13C	8.2B, C; 8.6A; 8.7A; 8.10D
4.5A; 4.7C, D; 4.13D	5.5A; 5.6A	6.2A; 6.7D; 6.9A	7.1A; 7.2A, B; 7.3A; 7.4B; 7.6B; 7.10A	8.3A; 8.8B
4.4A	5.2C	6.2C	7.12C; 7.13A; 7.14B	8.5C; 8.6D; 8.11B
4.6A	5.1B; 5.3A; 5.8C; 5.9D; 5.11B; 5.12B		7.7C	8.1A; 8.9A, B; 8.12B
		6.1A	7.6A; 7.12B	
	5.9B		7.1B	8.7B
4.3B	5.3B; 5.4A; 5.9A		7.13D; 7.14A	8.11A
4.1A			7.7	8.2A; 8.8A
	5.1A; 5.12F	6.7C		8.3C
4.3E; 4.5C; 4.9E		6.3D		8.6E; 8.11B
4.9B; 4.10B	5.10D; 5.12E	6.8A; 6.9C		8.4A; 8.5B
4.11B		6.4C; 6.7B	7.5D; 7.9B	
4.6B		6.5C		
4.10D		6.3C	7.12D; 7.14C	8.2E
4.1D; 4.9D; 4.10C; 4.11C; 4.12C	5.1C; 5.5B; 5.9E; 5.12D; 5.13C	6.1C; 6.2C; 6.5D; 6.7F; 6.10D	7.1F; 7.10E	8.2D; 8.10A
	5.6D; 5.10E		7.5D	8.5E
4.1E				8.6C
4.3E; 4.9E; 4.11D	5.2E; 5.3C; 5.9F; 5.10E; 5.12G; 5.13D	6.8C; 6.9E; 6.10E	7.2E; 7.6D	8.1C; 8.7D; 8.8C
4.8F	5.2D; 5.10A			8.4C; 8.12C
4.3D; 4.5D; 4.8F; 4.12B	5.7D; 5.10C; 5.13E	6.1D; 6.3D; 6.7G; 6.9D, G	7.13E	8.5D; 8.10A
4.2D	5.1B	6.5D		8.9B; 8.11B, C

Matrix of ICT opportunities

The fax template referred to is on page 9 of this file, and the letter template on page 187 of the Student's Book.

Section	Task	Tutor input	Student input
1.5 10 claves para ser una persona atractiva	B		Set up grid with headings as given and complete.
2.3 Un juego para todos	B		Key in the question words, then work with partner to produce the questions; from this, draft a script before recording the interview.
2.4 El deporte más popular	A	Provide letter/fax/e-mail template or locate website if preferred.	Prepare and send the e-mail.
2.5 Una pasión por los toros	C, D		C: set up grid as given and complete; D: working with a partner, draft sentences on screen.
2.7 Tauromaquia	C	Key in standard letter/fax template.	Wp notes to plan content, then import these into template and edit into the finished letter.
2.10 La campeona de la clase	B		Set up grid with headings as given and complete for Q1; use selected words to complete Q2.
3.4 La dieta moderna	D		Draft and display/format the text for the leaflet using a wp or dtp program.
3.5 Comer sano	I3	Key in standard fax template.	Wp notes to plan content, then import these into template and edit into the finished fax.
3.7 Mitos sobre el tabaco	F		Wp and format the text, and use a graphics program or downloaded images from the Internet, to create the poster.
3.8 El fumador pasivo	D	Key in the words supplied.	Use each group of keyed words as a starting point to produce a full sentence.
3.10 El amigo alcohólico	C		Wp and format the leaflet, using graphics/downloaded images as appropriate to illustrate the text.
4.1 Sé escuchar	E	Key in standard letter template.	Draft and write the letter for Q1; copy the text into a new document and adapt it appropriately for Q2.
4.5 Moros y Cristianos	B		Set up grid as given and complete.
5.1 Estereotipos	A, B	Set up grid with headings/entries as given.	Set up grid with headings and entries as given; fill in grid for A; use information to organise answer to B1; edit/expand it as appropriate to answer B2.
5.2 El norte y el sur	D, E		D1: Work with a partner to collect details under the five headings; D2: use the collected details to draft key points of a script before recording the conversation. E: Key in the headings and draft notes under each; organise/adapt the information into leaflet form using downloaded images to illustrate the text.
5.3 Cantabria: ríos y montañas	C		Draft notes on key aspects of Cantabria; organise/adapt the information into leaflet or poster form using downloaded images to illustrate the text.
5.6 Asturias: un paisaje espectacular	C, D	Key the incomplete sentences for C; supply letter template for D.	Complete the sentences for C and copy/adapt this text as appropriate for use in the letter (D).

¡Sigue! 1 Segunda edición

Section	Task	Tutor input	Student input
5.7 Salamanca: provincia y ciudad	C, D	Key the paragraph and supply letter template.	C: Correct the text, highlighting the corrections (e.g. with bold type); write the letter including/ attaching the corrected text. D: Use key points from the corrected text in the plan for the presentation.
5.8 La ruta del Califato	C		Key in headings and complete task as instructed.
5.9 "El turismo de la región es fiel"	E		Key in headings and use as basis for drafting interview script.
5.10 Rutas ecoturísticas en Valencia	E	Supply letter template.	Complete letter as instructed.
5.11 El turismo religioso	D	Identify appropriate website maps.	Download maps of the relevant regions and mark routes.
5.12 Fiesta en Pamplona	F, G		F: set up grid as given and complete. G: wp and format an advertisement, using downloaded/scanned images to illustrate it.
5.13 Fiestas populares	C1, D		C: note the information under headings as instructed for Q1 and draft explanations (Q2). D: use notes gathered for C as a starting point and expand into article under given headings.
6.1 El arte en España	D	Identify and save websites if wished.	Download website information and use it to prepare a presentation.
6.9 El cine de Pedro Almodóvar	G	Identify and save websites if wished.	Download website information and use it to prepare a presentation.
7.5 Viajes compartidos	D	Supply letter template.	Complete letter as instructed.
7.6 Aventuras de estudiante	D	Key words supplied, leaving gaps.	Key words supplied; expand to produce completed narrative of c.160 words in total.
8.1 Los mayas y los aztecas	C1		Internet research as instructed.
8.3 El arte precolombino	C		Set up grid with headings as given and complete.
8.5 Los Zapatistas	E	Supply letter template.	Complete letter as instructed.
8.7 Los mariachis	D		Wp and format the leaflet, using graphics/downloaded images to illustrate the text.
8.8 Dos pintores mexicanos: Frida y Diego	C		Wp and format the leaflet; use graphics/downloaded images to illustrate the text.
8.10 Como agua para chocolate	B	Identify and/or save sites if wished.	Use the Internet to research a brief biography.

Matrix of grammar points

Grammar point	*Consolidaciones*	Reference section
gender of nouns	1.8	1.1
plurals	3.4	1.2
articles	1.8, 3.1, 5.6	1.3
agreement of adjectives	1.5, 1.10, 3.1, 5.1, 5.5, 6.7, 7.1	2.1
position of adjectives	1.10, 5.5	2.3
comparatives and superlatives	7.3, 7.5, 8.11	2.4
adverbs	3.7	3
subject/object pronouns	1.6, 2.9, 4.9	4.1
demonstrative pronouns and adjectives	7.7, 7.10	4.3
relative pronouns	7.7	4.4
interrogatives	3.3	4.6
negative expressions	5.4	4.7
expressions with the infinitive	7.3	5.1
perfect tense, participles	2.5, 4.6, 4.7, 6.7	5.2, 5.3.6
present tense	1.2, 6.10	5.3.1, 5.3.2
preterite tense	1.6, 2.5, 3.9, 3.12, 4.1, 4.6, 6.7	5.3.3
imperfect tense	2.5, 4.1	5.3.4
pluperfect tense	2.6, 4.7	5.3.8
future tense	4.9, 5.8, 5.11, 7.7, 7.13, 8.12	5.3.9
conditional	6.4, 7.8, 8.1	5.3.11
conditional perfect	7.6	5.3.12
present subjunctive	2.5, 3.5, 4.2, 4.7, 5.2	5.4.1
imperfect subjunctive	5.6	5.4.2
pluperfect subjunctive	6.9	5.4.3
imperative	3.6, 4.4, 8.6,	5.5
reflexive verbs	1.6, 2.2	5.6
passive constructions	6.5	5.7
ser and *estar*	1.3, 2.1	5.8
personal *a*	6.4	6.1.1
por and *para*	1.11	6.1.2
pero and *sino*	2.3	6.2

¡Sigue! 1 Segunda edición

Fax

Para: _____

Compañía: _____

Número de fax: _____

De: _____

Fecha: _____ **Número de páginas (incluyendo ésta):** _____

Mensaje

Transcripts and answers for Student's Book units

Unidad 1 *La vida, la gente*

1.1 *¿Cómo vemos a los otros?*

1.1A Transcript
Gongli tiene el pelo negro y los ojos rasgados. Es muy simpática y generosa.
Maribel lleva una blusa a cuadros, es rubia y tiene el pelo largo. Es muy dulce.
Pablo tiene el pelo negro y la piel morena. Lleva una camiseta blanca. Es muy divertido.
Alberto es muy simpático. Lleva una camiseta blanca y un jersey gris.
María tiene el pelo negro y la piel oscura. Es alegre y dulce. En la foto lleva una camiseta blanca.

1.1A Answers
1 Pablo 2 Maribel 3 María 4 Gongli
5 Alberto

1.2 *¿Te es fácil hacer amigos?* (✓)

1.2A Answers
1iv 2ii 3v 4iii 5viii 6vii 7i 8vi

1.2C Answers
Possible version of translated descriptions:

0–21 points   You are not the type of person who makes friends easily – in fact, quite the opposite. It's very hard for you to start a conversation and you don't do anything unless other people approach you. It takes a long time for people to get to know you, because you find it difficult to reveal yourself to others. Our advice is that you should be more open and think more highly of yourself. Don't be so afraid and you will see how things will go better for you in love and friendship.

24–35 points   You are a spontaneous and sincere person, and you have no problem making good friends. You are interested in serious relationships and so you are friendly and open in your conversation. The same thing happens when you take a liking to someone of the opposite sex: you approach the person you are interested in quite easily and start an interesting conversation. With your long-term friends, you know you can trust them one hundred per cent and you can tell them everything. Good for you!

36–48 points   You never have any problems relating to people. You are always surrounded by people you like, and who you can have fun with.

You are rarely lonely because you're always being invited out. But: make sure you know who your real friends are and who are just mates for a good night out, because you might be in for some big disappointments.

1.2 **Consolidación (present tense)** Answers
1 es 2 soy 3 dice 4 pongo
5 comprenderás 6 faltan 7 creo 8 necesito
9 sé 10 voy 11 hago 12 Me quedo 13 leo
14 como 15 Trato 16 me resulta

1.2 **Consolidación (radical-changing verbs)** Answers
1 tienes 2 cuesta 3 solemos 4 siento
5 pueden 6 cuentas 7 pierdo 8 encuentra
9 muestra 10 empieza

1.3 *Un cuento inapropiado*

1.3A Answers
1b 2a 3c 4a 5a

1.3C Answers
1 libro 2 cuento 3 punto 4 apropiado
5 problema 6 debe 7 corriendo 8 donde
9 acostado 10 ver

1.3 **Consolidación** Answers
1 es 2 es 3 está 4 está 5 es 6 está 7 es
8 es 9 está 10 es 11 es 12 es

1.4 *Escuchamos tus problemas* (✓)

1.4A–C Transcript
Presentador   Tenemos hoy aquí a unas chicas que nos van a hablar de sus problemas amorosos. Andrea, ¡hola! ¿Qué nos vas a contar?
Andrea   Bueno, me voy a estudiar inglés a Estados Unidos. Al principio tenía muchas ganas, pero el otro día se me declaró el chico que me gusta. Cuando le dije que me marchaba todo el verano, me dijo que prefería no enrollarse conmigo para no sufrir cuando me vaya. Estoy destrozada, y no sé si pasar del viaje . . . ¿Qué hago?
Presentador   Hola, Lili. Cuéntanos tu problema.
Lili   Desde que mi amiga se enrolló con el chico que me gustaba, se ha convertido en mi enemiga. Ahora no puedo ni verla, pero ella me llama arrepentida: me dice que se dejó llevar por él y que no lo volverá a hacer. No sé si creerla, vosotros ¿qué pensáis?

¡Sigue! 1 Segunda edición

Presentador   Hola, Alicia. Explícanos lo que te pasa.

Alicia   Pronto me iré al pueblo de vacaciones. Veré al chico con el que salí el verano pasado y del que sigo enamorada. ¿Cómo debo comportarme con él?

Presentador   Y tú, Claudia: ¿cúal es tu problema?

Claudia   Estoy loca por un compañero de clase, pero me ha confesado que las chicas que le atraen son altas y delgadas. El problema es que yo no soy su tipo, porque estoy rellenita y tengo bastante culo. Por eso os quería pedir algún consejo para adelgazar lo antes posible.

1.4A Answers
1 Andrea 2 Lili 3 Claudia 4 Alicia
5 Alicia 6 Claudia 7 Andrea 8 Lili

1.4B Answers
4

1.4C Answers
Andrea:
1   se me declaró el chico
2   prefería no enrollarse conmigo para no sufrir
Lili:
1   mi amiga se enrolló con el chico que me gustaba
2   se dejó llevar por él y que no lo volverá
Claudia:
1   las chicas que le atraen son
2   os quería pedir algún consejo

1.4D Transcript
Presentador   Y ahora el consejo del Dr Sommer…

Dr Sommer   Comprendemos que estés enfadada con tu amiga, pero ¿es la primera vez que te hace algo así? Si es así, quizá no te merezca la pena romper una bonita amistad por un solo error que ha cometido. Además, está arrepentida y sólo se enrolló con él: no te ha 'robado' al chico que te gusta para toda la vida. Por eso, si lo estás pasando mal y en el fondo la echas de menos, perdónale. Eso sí, avísale de que no vuelva a traicionarte si no quiere poner en juego tu amistad.

1.4D Answers
Lili

1.4 ¿Cómo se dice . . . "a"? Transcript
estudiar, tenía, ganas, día, declaró, gusta, cuando, marchaba, verano, prefería, enrollarse, para, vaya, destrozada, pasar, viaje, hago

1.5 *10 claves para ser una persona atractiva* (✓)

1.5A Answers
1b 2h 3i 4c 5a 6e 7d 8j 9g 10f

1.5B Answers
1 confianza 2 conversar 3 risa
4 interesar(se) 5 práctica 6 situar
7 recuerdo 8 trabajar 9 conservación
10 vivir 11 cuidado

1.5C Answers
1 interesa 2 cuidado 3 conservación
4 conversar 5 recuerdo 6 trabajar 7 risa
8 confianza 9 vivir 10 práctica

1.5 Consolidación Answers
1 **a** amenas **b** triste/melancólico **c** fáciles
d interesantes **e** imprescindible **f** realistas
g atractiva **h** desagradable **i** fundamental
j emprendedores **k** positiva **l** irritable

1.6 *¿Temor a la primera cita?* (✓)

1.6A Answers
1 Susana 2 Susana 3 Jorge 4 Susana
5 Jorge 6 Jorge 7 Susana 8 Susana y Jorge
9 Jorge 10 Jorge

1.6C Answers
Desde el primer momento Isabel me gustó mucho pero me sentí un poco cortado. Por fin, di el primer paso y le pedí ir a tomar algo. Sin dudarlo, ella contestó que sí y quedamos para aquella noche. Ahora llevamos seis meses juntos.

1.6 Consolidación (preterite/reflexive verbs) Answers
a   vi; vio; vimos
b   me alegré; se alegró; nos alegramos
c   entré; entró; entramos
d   escuché; escuchó; escuchamos
e   acepté; aceptó; aceptamos
f   fui; fue; fuimos
g   pasé; pasó; pasamos
h   hablé; habló; hablamos
i   descolgué; descolgó; descolgamos
j   llegué; llegó; llegamos

1.6 Consolidación (direct and indirect object pronouns) Answers
1 **a** la **b** me **c** le **d** le **e** te **f** me **g** me
h la **i** la **j** nos
2 **a** Les llamé por teléfono.
b Nos gustaban las mismas películas.
c Ella no sabía qué decirme.
d Se quieren/se aman mucho.
e No les importó para nada la hora.

¡Sigue! 1 Segunda edición

1.7 *Ojo con las citas amorosas*

1.7 Transcript

Presentador ¡Hola, amigas! Estamos con vosotras una mañana más para tocar un tema que está en candelero, un tema de rabiosa actualidad como son las citas amorosas. Hay que tener cuidado porque muchas veces estos encuentros pueden ser peligrosos. Para ello, hemos invitado a una mujer con mucha experiencia en estas lides, llamada Luisa. Luisa, tú ¿cómo reconoces cuando una situación empieza a ser peligrosa?

Luisa Pues hay una serie de puntos que son *muy* claros y que muy obviamente puedes reconocer cuando la cosa se está poniendo fea y tienes que parar. Er... el primer punto que yo comentaría sería cuando un chico se acerca a ti, quiere ligar, quiere entablar una conversación... Si realmente no te gusta, o si realmente piensas que hay algo de él que *no* está claro, no lo animes, no sigas hablando con él, no... ni siquiera por ser educada, no lo hagas; simplemente corta y... y déjalo. Déjalo simplemente.

Otra... otro punto que puede ser er... bastante, bastante peligroso es cuando un hombre hace comentarios negativos sobre las mujeres en general. Todas sabemos... que hay hombres que hablan de las mujeres de una manera muy despectiva. Este es un... este es un espécimen muy peligroso. Er... cuidado cuando te encuentres con alguien que exige irse a la cama contigo inmediatamente, sin conocerte y sin... y sin... habiéndote conocido hace cinco minutos. Es... es también muy peligroso. También es peligroso cuando te encuentras con alguien que es muy dominante, que no toma en cuenta tus deseos, qué es lo que tú quieres hacer o adónde quieres ir, e impone los suyos.... yo diría también que cuando te encuentras con un hombre que se propasa físicamente contigo, ¿no? y que cree que eso te gusta, y si le dices "oye, para", él sigue haciéndolo, porque cree que... que te está gustando, es, es... es... es también a tener en cuenta.

Por supuesto, no vayas con nadie que ha tomado alcohol, o que ha tomado drogas, no vayas en su coche, porque, es... puede ser muy peligroso. Es mejor llamar a un taxi, o llamar a un amigo, o llamar a tus padres. Yo creo que esos son los puntos que yo destacaría.

Presentador Bueno pues, aquí hemos escuchado la interesante opinión de Luisa. Su opinión es válida tanto como... como mujer como doctora, porque ella se está ocupando, er... de la Asociación de Mujeres Maltratadas y... creemos sinceramente que su opinión ha sido interesante en esta tarde de radio. Nos despedimos de todas vosotras y os emplazamos para el próximo programa, mañana, a las once, ya sabéis.

1.7A Answers
1e 2c 3f 4b 5a 6d

1.7B Answers
1 un tema de rabiosa actualidad
2 cuando la cosa se está poniendo fea
3 entablar (una) conversación
4 no te gusta
5 que no toma en cuenta tus deseos
6 por supuesto

1.7 ¿Cómo se dice... "d"? Transcript
actualidad, cuidado, pueden, invitado, llamada, cuando, poniendo, hablando, déjalo, todas, habiéndote, conocido, drogas, padres, maltratadas

1.8 *"Cuando calienta el sol..."*

1.8A Answers
1 ...dispuestos a tener nuevas experiencias
2 ...la imaginación
3 ...continuar la relación una vez acabadas las vacaciones
4 ...los novios viven en ciudades lejanas
5 ...podemos aprender mucho de nosotros mismos

1.8B Answers
1 nos sentimos con ganas de vivir experiencias nuevas
2 tenemos que estar preparados para afrontar tanto el éxito como el fracaso
3 acabadas las vacaciones, acabado el romance
4 nos enseña muchas cosas de nosotros mismos

1.8C Answers
1b 2a 3c 4b 5b 6a 7c 8a 9c 10b

1.8 Consolidación (gender of nouns) Answers
1 **a** el amor **b** el sol **c** el romance **d** la sensualidad **e** la estación **f** el alcance **g** la melancolía **h** la imaginación **i** el mes **j** la cuestión **k** la relación **l** el factor **m** la lejanía **n** la pasión **o** la ocasión

1.9 *"...aquí en la playa..."*

1.9 Transcript

Entrevistadora Ignacio, ¿cuántos años tenías cuando conociste a Carmen?

Ignacio Creo recordar que yo tenía dieciocho años y me parece que ella tenía dieciséis.

Entrevistadora ¿Dónde estabais veraneando?

Ignacio Estábamos veraneando en Tarifa, en

un pueblo de la costa gaditana, er ... donde hay mucha gente que practica windsurf, y la conocí en la playa.

Entrevistadora Er ... entonces, cuando ... cuando la viste, ¿qué te llamó la atención de ella? ¿Qué ... qué te gustó más?

Ignacio Para ser sincero, debo decir que era muy guapa. Yo la vi la más guapa de todas sus amigas y ... tal vez me llamó la atención su nombre, porque cuando se lo pregunté, me dijo que se llamaba Carmen, y me pareció un nombre muy bello para una bella mujer.

Entrevistadora ¿Qué hicisteis durante las vacaciones?

Ignacio Bueno, pasamos muy buenos ratos. Por la mañana, solíamos ir a la playa, después al mediodía solíamos visitar una heladería, tomábamos café; y por la noche, íbamos al cine o a algún "pub" al aire libre.

Entrevistadora Y ... ¿qué pasó al final de las vacaciones?

Ignacio Bueno, fue un poco triste, porque debo admitir que estaba muy enamorado de ella. Pero, claro, tuvimos que marchar cada uno para nuestras ciudades. Ella era de Orense, y yo soy de Valencia, y ... al principio, creo recordar que seguimos manteniendo comunicación telefónica, pero al final hemos perdido todo contacto.

Entrevistadora Hmmm...

Ignacio Pero, si te digo la verdad, muchas veces pienso que ella pudo ser la mujer de mi vida. ¿Por qué no?

Entrevistadora Sí ... ¿por qué no?

1.9A Answers
1 mentira 2 no se dice 3 no se dice
4 verdad 5 mentira 6 verdad 7 verdad
8 no se dice 9 mentira 10 verdad

1.9B Answers
1 estábamos veraneando
2 tal vez
3 solíamos ir
4 muchas veces

1.9 ¿Cómo se dice...? Transcript
¿Cuántos años tenías cuando conociste a Carmen?
¿Dónde estabais veraneando?
¿Qué te llamó la atención de ella?
¿Qué te gustó más?
¿Qué hicisteis durante las vacaciones?
¿Qué pasó al final de las vacaciones?
¿Por qué no?

1.10 ¡Desahógate! (✓)
1.10A Answers
1 Patricia 2 Virgo 3 Nieves 4 Pilar 5 Virgo
6 Nieves 7 Pilar 8 Patricia

1.10B Answers
1 me niego a
2 sin embargo
3 los demás
4 resultar
5 a pesar de ello
6 por eso
7 hace poco

1.10C Answers
1 a proposición b invitación c sugerencia
d conocimiento e interés f descubrimiento
g resultado h apoyo

1.10 Consolidación Answers
1 antiguo/antigua/antiguos
maravilloso/maravillosa/maravillosos
guapa/guapos/guapas
borracho/borracha/borrachas
celoso/celosos/celosas
cariñoso/cariñosa/cariñosos
atractiva/atractivos/atractivas
inteligente/inteligentes/inteligentes
honrado/honrada/honradas
2 a un profesor divertido
b una casa nueva (a newly-built house) **or** una nueva casa (another house)
c ¡mi pobre cabeza!
d discos diferentes (differing/different) **or** diferentes discos (various)
e de mediana edad
f una vieja mujer
g el último día
h la primera vez

1.11 "Cuando te casas o te curas o te matas" (✓)
1.11A Answers
1 Querían tener relaciones sexuales, escapar de sus padres y vivir intensamente
2 a gritaba histéricamente
b estaba muy enfadada
c amenazó con escaparse con su novia
d se puso muy rebelde
3 los padres se dieron por vencidos
4 varios meses
5 tenía que trabajar y estudiar a la vez
6 dejó sus estudios y se amargó
7 extrañaba su libertad
8 no tenían bastante dinero
9 no se querían de verdad y tampoco se conocían realmente cuando se casaron
10 es mejor esperar

1.11B Answers
3, 4, 6, 1, 2, 5

1.11C Answers
1 el consenso de la familia
2 a regañadientes
3 dieron la autorización
4 a la vez
5 despreocupadamente
6 preparada

1.11D Answers (suggested version)
I got married in the way I had always dreamed of: in white. The honeymoon lasted a few months. But our "love" (which today I realise wasn't love but physical attraction and a great deal of infatuation) didn't stand up to the pressures of marriage. Gerardo, in particular, became bad-tempered at having to work and study at the same time. In the end, he gave up his studies and that made him even more bitter. He resented the fact that I, in his opinion, had a future, and he took to sitting in front of the TV drinking beer. I, to be honest, began to miss my freedom: going out with my girlfriends, going to clubs, meeting boys, living without a care in the world ... Suddenly I had to contend with so many responsibilities for which I wasn't prepared.

1.11 Consolidación Answers
1 a por b por c para d para e por f por
2 a Dejó los estudios para convertirse en ama de casa.
 b Por su holgazanería y mal humor, perdió a su novia.
 c No tienen suficiente dinero para salir.
 d Debemos hacer lo que podamos para seguir juntos.
 e Para convencerla, le regaló flores.

1.12 *El psicólogo ayuda*

1.12A Answers
1 ancianas 2 marido 3 tuvieron 4 sabe

1.12B Answers
1 hace una montaña de un grano de arena
2 las personas de edad
3 cuesta
4 han servido
5 en varias ocasiones
6 por eso

1.13 *La autoestima*
1.13 Transcript
Primera parte
Entrevistador ¿Qué es la autoestima?
Psicólogo Bueno, aunque tiene algo que ver con las experiencias que hemos tenido, y también con nuestros sentimientos, yo diría que es el concepto que tenemos de nosotros mismos – de nuestro valor personal.
Entrevistador Y ¿cómo llegamos a ese concepto? ¿Se forma durante la infancia?
Psicólogo En realidad, adquirimos este concepto durante toda la vida, aunque es verdad que la infancia y nuestra vida familiar tienen mucho que ver. La opinión que tenemos de nosotros, por ejemplo, si estamos a gusto con nosotros mismos, todas estas experiencias conforman nuestra autoestima.
Entrevistador Y todas esas experiencias, ¿cómo afectan a nuestro comportamiento?
Psicólogo Influyen sobre todo en la opinión positiva o negativa que tenemos de nosotros mismos. Y esto, como consecuencia, cambia nuestra perspectiva del mundo y del futuro. Si tenemos muchas experiencias negativas, nunca llegaremos a llevar a cabo las expectativas que teníamos para nuestra vida.
Entrevistador ¿Cómo adquirimos el sentido de autoestima? ¿Por medio de nuestras relaciones con los demás?
Psicólogo No. Es algo que viene de nosotros, del concepto que adquirimos en la vida y no de los factores externos.

Segunda parte
Entrevistador ¿Qué papel juega la autoestima en la propia vida?
Psicólogo No solamente la autoestima sino también el concepto de uno mismo juegan un papel importante en la vida de cada persona. Todo lo que nos ocurre – los éxitos, los fracasos, la satisfacción con uno mismo, el bienestar psíquico y las relaciones con los demás, dejan una huella en nosotros.
Entrevistador ¿Es importante tener una visión positiva de uno mismo?
Psicólogo Es de suma importancia para la vida personal, social y profesional tener una autoestima positiva.
Entrevistador ¿Por qué?
Psicólogo Porque la autoestima favorece el sentido de la propia identidad, y además necesitamos un marco de referencia para interpretar la realidad externa y las propias experiencias.
Entrevistador ¿Cómo afecta nuestra autoestima a la vida externa y a nuestras relaciones con los demás?
Psicólogo Bueno, primero influye en nuestra realización como personas y también

La vida, la gente.   honrado/honesto - deshonesto

Personalidad

Una persona, mujer, hombre puede ser
bueno/a — malo/a.
inteligente — estúpido/a - ignorante - idiota.
trabajador/a — perezoso/a - vago/a.
responsable — irresponsable.
tímido/a — extrovertido/a
indiferente — entusiasta /entusiasmado-
politizado/a —
divertido/a — aburrido/a
analfabeto/a. — educado/a
amigo/a — enemigo/a
Guapo/a   atractivo/a — feo/a
irritable — tranquilo/a
éxito — fracaso -
cínico — cinismo .   justo · injusto
realista — soñador
ajetreo -   grato — ingrato
celoso/a —   (pleasant) — (ungrateful)

el Amor, el romance, la sensualidad, la sexualidad
el corazón, la agonía, la soledad, el deseo, la pasión
temer, tener miedo - un matrimonio arreglado
una relación | frágil
               | inestable
               | estable
               | difícil
               | sólida
               | firme
fiel - infiel.

condiciona nuestras expectativas y nuestra motivación.

Entrevistador Entonces contribuye a la salud mental y afectiva.

Psicólogo Sí. Y al equilibrio psíquico. Ese es otro aspecto que debemos considerar...

1.13A Answers
1a 2a 3c 4a 5a

1.13B Answers
1 juegan 2 dejan 3 Tener 4 favorece 5 es
6 Influye 7 condiciona 8 contribuye

Unidad 2 *Los deportes, el ocio*

2.1 *¿Cómo te diviertes?* (✓)

2.1 Transcript

Stella Cuando estaba en el colegio, mi deporte preferido era el baloncesto. Solía entrenar dos veces por semana después de las clases. Éramos un equipo de chicas muy unido, y además de hacer deporte nos lo pasábamos fenomenal. Creo que el baloncesto es un deporte muy bonito y además te enseña a relacionarte con la gente y a trabajar en grupo para conseguir un objetivo. A ti, Roxana, ¿qué es lo que te gusta?

Roxana Yo jugaba al tenis cuando tenía quince años, pero ahora me gusta más la natación; es más relajante y me siento mucho mejor después de nadar. ¿Y a ti, Helena?

Helena A mí no me gustan mucho los deportes. Yo, cuando era una niña, me gustaba leer y ... e ir al cine y escribir poesía y ... ahora también me gusta mucho salir y ... e ir al monte; pero sigo prefiriendo actividades, eeeh, dentro de la casa o actividades intelectuales, con preferencia a las actividades al aire libre.

Mario Me gustaba mucho jugar al fútbol con mis amigos cuando era niño, pero también me encantaba jugar al ajedrez, que es, más que un deporte, es una actividad que estimula el pensamiento y la inteligencia. Siempre fui absolutamente fanático del ajedrez. Ahora, curiosamente, me dedico a hacer más deporte que cuando era niño. Practico la natación, que me parece muy completa, porque pone en movimiento todos los músculos del cuerpo. A ti, ¿qué te parece la natación?

José Sí, también la practico, aunque no tanto como antes. Antes hacía más natación que ahora. Siempre he hecho bastante deporte: hacía mucho fútbol, jugaba al tenis, me gustaba ir a la sierra, y, bueno, también me gusta mucho el cine, que es lo que ahora sigo haciendo. Me gusta mucho ir al cine y ver los últimos actores, las últimas películas, el desarrollo de cosas como los efectos especiales, y también la calidad de los actores, que empiezan haciendo teatro y muchos de ellos pasan al cine. Antes me gustaba mucho la música, y ahora me gusta, lo que pasa es que no practico tanto. Antes yo tocaba la batería, pero ahora, pues por tener menos tiempo y espacio, lo he dejado un poco de lado; pero me sigue interesando la técnica, la tecnología que rodea a la música y que está evolucionando mucho últimamente.

2.1A Answers

	Antes, por qué	Ahora, por qué
1 Stella	el baloncesto, entrenaba dos veces por semana, te enseña a trabajar en grupo	
2 Roxana	el tenis, cuando tenía 15 años	la natación, porque es más relajante, se siente mejor después
3 Helena	leer, ir al cine, escribir poesía	ir al monte, actividades intelectuales
4 Mario	el fútbol, el ajedrez (porque estimula el pensamiento)	más deporte, la natación porque pone en movimiento todos los músculos del cuerpo
5 José	la natación, el fútbol, el tenis, ir a la sierra, tocar música	la natación, ir al cine, la tecnología que rodea a la música

2.1B Answers
1 Solía entrenar dos veces por semana.
2 Nos lo pasábamos fenomenal.
3 A mí no me gustan mucho los deportes.
4 Me gustaba mucho jugar al fútbol.
5 Me gusta mucho ir al cine.

2.1 Consolidación Answers
1 era 2 era 3 Estaba 4 estaban 5 estaba
6 soy 7 es 8 estoy 9 es

2.2 *Vamos de tapas* (✓)

2.2 Transcript

José Bueno, las tapas sí, yo después del cine ... es una cosa casi obligatoria, salir a tomar una cerveza y con la cerveza, pues, suele venir una tapa, eeh, que depende de los sitios en donde estés, pues son más comunes o menos, o son más grandes, o más pequeñas...

Mario Oye, perdona, José, yo vengo de México. ¿Qué es eso de tapas? ¿Me podrías explicar?

José Sí, sí. Las tapas son, eeeh, un poco de comida que se sirve con una bebida; normalmente con una cerveza, y las hay de diferentes tipos: las tienes que son frías, como pueden ser patatas fritas o aceitunas; luego las hay calientes, puede ser chorizo, puede ser ... champiñones, tortilla, etc. Y, bueno, esto surgió porque hubo una ley que sacó un rey que se llamaba Carlos III en ... por la cual prohibía, eeh, comer, eeh, beber simplemente sin comer nada. Entonces, en los bares, había la costumbre de servir una jarra de vino, y lo que esta ley impuso fue el que se sirviera algo de comida y los taberneros optaron por poner una loncha de jamón encima de la jarra a modo de tapa, y por eso se quedó el nombre de "tapa".

Mario Oye, José, ¿y esto es típico nada más de Madrid o en otras ciudades españolas también se estila?

José Es un poco general, pero también varía. Eeh, en el norte es menos típico, eeh, y en el centro, en Madrid, por ejemplo, sí hay diferentes bares donde ... hay los que te pueden poner una tapa más grande o más pequeña, pero es muy, muy típico del sur, donde, normalmente, no te cobran por la tapa y suelen ser bastante grandes; puedes incluso cenar, tomando tapas.

Mario ¿Y qué tipo de gente suele ir a los bares de tapas?

José Bueno, el bar es un sitio muy abierto, en el que va todo el mundo: puede ser antes de trabajar, a mediodía, por la tarde, para ver a amigos ... y va todo el mundo: gente mayor, gente joven, vas con la familia, vas solo ... un poco de todo.

Mario ¿Y pasa mucho tiempo la gente allí?

José Bueno, es bastante normal el ir de un bar a otro. Estás un rato, tomas una cerveza o dos, te tomas unas tapas, y te mueves a otro bar. También depende de los hábitos de cada uno, pero por lo general no te pasas todo el día en el mismo bar.

Mario Entonces también es un espacio de reunión de la gente, para encontrarse.

José Sí, porque es un lugar que no pretende tener muchas cosas, como música o incluso televisión. Simplemente es un sitio donde vas a ver a gente con la disculpa de tomar una cerveza, un vaso de vino, o ... otra bebida.

2.2A Answers
1 mentira 2 mentira 3 verdad 4 mentira
5 verdad 6 verdad 7 mentira 8 verdad

2.2B Answers
1 pues, suele venir una tapa
2 un poco de comida que se sirve
3 había la costumbre de servir
4 muy abierto, en el que va todo el
5 tomas una cerveza o dos, te tomas unas tapas
6 donde vas a ver a gente con la disculpa

2.2 Consolidación Answers
1 Se sirven tapas en todos los bares.
2 Se bebe mucho vino.
3 No se pasa todo el día en el mismo bar.
4 En España se comen muchas aceitunas.
5 Se habla español aquí.
6 Se encuentran muchos jóvenes en los bares de tapas.

2.2 ¿Cómo se dice ... "s"? Transcript
las tapas sí ... yo después del cine es una cosa casi obligatoria
depende de los sitios en donde estés
pues son más comunes o menos
las hay de diferentes tipos
pueden ser patatas fritas
suelen ser bastante grandes
tc tomas unas tapas y te mueves a otro bar
no te pasas todo el día en el mismo bar

2.3 *Un juego para todos* (✓)

2.3A Answers
1 No, le fue gustando poco a poco.
2 Sí.
3 Sí.
4 No. Si hay partido, no sale.
5 No, le ha hecho pasar uno de los peores momentos de su vida.
6 Sí.
7 Sí.
8 No, son pocos los que son violentos.

2.3C Answers
"Hay que reconocer que en España no hay muchas mujeres que saben de fútbol", dice la amiga de Mónica. "Suelo ir al estadio cuando quiero descargar tensiones. No soy una adicta al fútbol, pero me gusta meterme en las gradas con los jóvenes forofos del Barça. Cuando mi equipo ganó la Liga, llamé a Mónica pero había salido. Creo que no quería hablar conmigo".

2.3 Consolidación Answers
1 sino que 2 pero 3 sino 4 pero
5 pero/sino que 6 pero 7 sino 8 pero

2.4 *El deporte más popular* (✳)
2.4A Answers
Key points:
- Football in Spain is almost a religion, with millions of passionate followers.
- Whenever there's an important match the country grinds to a halt.
- Ideal time for non-fans to do other things (cinema, go for a walk, shopping).
- Bars/cafés full of people watching match on TV, listening to radio, shouting.
- Football described as low-cost therapy for distracting people from everyday problems – Franco used it to divert attention from the problems associated with his dictatorship.
- Anti-Communist and extreme nationalist feeling exacerbated whenever Spain beat England or Russia.
- Fascist regime no longer exists but problems remain:
  – more games than ever on TV
  – huge amounts of money generated
  – enormous transfer fees.
- Chairmen/Presidents/Owners of football clubs wield great power because of their status, even featuring in politics.
- Football violence has escalated in recent years and the cost of policing crowds is borne by *all* citizens.
- Local 'derbies' generate rivalries involving neo-nazi elements.
- The passion generated by football is not easily understood by people from countries without a tradition of football.

2.5 *Una pasión por los toros* (✓)
2.5A Answers
1 reconocido
2 soñaba con
3 mi sueño se hizo realidad
4 de arriba abajo
5 charlas
6 expone sus inquietudes
7 coinciden
8 dispuesta
9 se me saltaron las lágrimas
10 inolvidable
11 al fin y al cabo
12 diaria

2.5B Answers
1 rodeaba; joven
2 durante; cada; ver
3 tiene; más
4 disfrutar; le gusta
5 entienden; reconocen; mucha; repugna

2.5C Answers
1 apasionar(se) 2 entusiasmo 3 realizar
4 recuerdo 5 criticar 6 lectura
7 inquietar(se) 8 reunión 9 decepcionar
10 reconocimiento 11 discutir

2.5E Answers
When asked what she would be prepared to do for her interest, she tells us: "Every year, when May arrives, I'm capable of putting everything aside to see a good bullfight. I never forget that I owe some of the happiest moments of my life to bullfighting. Amongst my favourite memories is that afternoon when tears came to my eyes watching César Rincón fight. It was something unforgettable and unrepeatable, one of those things that happen only once in a lifetime. When all's said and done, bullfighting is for me an easy way of being happy. It isn't escapism from the tedium of daily life. At a time when there are so few people or things to admire, it's always good to have an interest as healthy as this".

2.5 Consolidación (participles) Answers
1 I am surrounded by people who don't understand my passion.
2 It is a well-known fact: many people find bullfighting disgusting.
3 Last season's bullfights were very boring.
4 At a party, I am bored until the talk turns to bullfighting.
5 César Rincón is a greatly admired bullfighter.
6 A student, very angry, told me that bullfighting is immoral.

2.5 Consolidación (preterite and imperfect) Answers
1 pasé 2 era 3 gustaba 4 tenía 5 había
6 dijo 7 vio 8 entré 9 me senté 10 hacía
11 gritaba 12 fui 13 encantó 14 fueron
15 llevaban

2.6 *Tardes de gloria* (✓)
2.6A Answers
1M 2V 3V 4M 5V 6V 7V 8M 9M 10M
11V

2.6B Answers
1c 2a 3b 4b 5b

2.6C Answers
Enrique Ponce juega con la muerte cada vez que se encuentra frente a frente con un toro en la arena. Dice que ha tenido mucha suerte. Es verdad que el año pasado sufrió una herida cuando recibió una cornada pero,

afortunadamente, se recuperó en quince días. La nueva temporada está a punto de comenzar y la semana que viene irá a Sevilla donde cree que va a triunfar.

2.6 Consolidación Answers

Perfect ha demostrado (encontrarse entre los grandes); ha conseguido (un triunfo); he tenido (mucha suerte); he triunfado (en todas las ferias); (no) han sido (tardes de gloria); ha sido (en Valencia); ha dado (lo mejor de sí mismo).
Pluperfect había aireado (una serie de declaraciones); (no) había hecho (ninguno de aquellos comentarios).

1 he demostrado
2 invertí
3 he ganado
4 he tenido
5 ha sido
6 aparecieron
7 había dicho
8 había dado
9 sacó
10 habíamos asegurado

2.6D Transcript

Hola, soy Begoña González Cervo, jefa de relaciones públicas del ayuntamiento de Santander. Con referencia a su próxima visita me faltan algunos datos. He organizado para su grupo una visita a la corrida que tiene lugar el domingo 17 de junio a las cinco de la tarde. Si hay algunos miembros de su grupo que no quieren asistir a la corrida dígamelo cuanto antes para que sepa cuántas entradas necesitan. Después de la corrida se podrá hablar con los toreros. ¿Puede Vd. decirme si esto les interesa? Será una oportunidad excelente para promocionar la asociación. Esa misma noche, a las diez, habrá un gran banquete en el ayuntamiento para recibirles oficialmente. ¿Puede decirme si hay alguien en su grupo a quien no le gusta la paella?

Puede contestar por fax: mi número es el 49 67 82. Puede encontrarme en mi despacho todos los días, con excepción de miércoles y domingo, desde las 10 de la mañana hasta las 7 de la tarde. ¡Hasta pronto!

2.6D Answers

1 • Head of public relations at Santander council
 • She needs information about the forthcoming visit
 • Visit to bullfight – Sunday 17 June at 5.00
 • If any members of group do not want to go to the bullfight; if they would like to meet the matadors; if anyone doesn't like paella
 • Fax no. 942 49 67 82; any day except Wed. and Sun., 10 a.m. to 7 p.m.

2 • I refer to the phone message I left yesterday
 • One of my colleagues has a 16-year-old daughter, María
 • Do you know a young person who would be interested in spending a month with this family during the school holidays?
 • María is good at tennis and likes other sports; she is cheerful and has lots of friends
 • Family has a flat on Costa Blanca where they spend August
 • María would want to come on a return visit the following year
 • Let me know as soon as possible if you know anyone who is interested.

2.7 *Tauromaquia*

2.7 Transcript

Olga Aunque te parezca mentira, Herman, estoy totalmente en contra de los toros.

Herman Pero, ¿por qué?, si es una fiesta maravillosa y llena de colorido.

Olga Yo entiendo que algunos piensen que es un arte, pero creo que es muy cruel divertirse a costa de la matanza de animales, ya que solamente . . . no sufren en el ruedo sino anteriormente a éste.

Herman Bueno, pueden ser indultados, los toros. Yo creo que esto de la crueldad se ha exagerado. Si no, estos animales morirían en un rastro para convertirse en carne . . . y esto es una fiesta y hay que verla en otro contexto: traje de luces, las chicas, guapísimas, la música . . . es una fiesta.

Olga Pero si es ilegal utilizar animales en circos o ferias, ¿por qué no se prohíben las corridas?

Herman Porque yo creo que es una tradición más arraigada. Esto . . . yo creo que se remonta desde tiempos de Creta, vamos, desde la antigüedad clásica esto ya se viene practicando y está muy arraigado en el ser del hombre. No puedes prohibir por decreto una costumbre tan arraigada en nuestro ser y . . . e identidad.

Olga Pero es . . . parece ridículo que en el siglo XXI, algo tan primitivo como ver cómo un animal muere, siga siendo un espectáculo tan grande y a la gente le guste tanto. Es una vergüenza que todo esto genere tanto dinero, y que haya, además, tanto culto a los toreros, a esos personajes asesinos, cuya principal función es hacer sufrir al animal; esos personajes ganan demasiado dinero, y son muy populares. Y ya que en algunos pueblos de España se han prohibido fiestas donde se ejerce crueldad hacia otros animales, eso debería aplicarse a los toros. Ya estamos en el siglo XXI.

2.7A Answers
1 Herman 2 nadie 3 Olga 4 nadie 5 Olga
6 Olga 7 Herman 8 Herman

2.7 ¿Cómo se dice . . . "z"? Transcript
Aunque te parezca mentira...
la matanza de animales
es ilegal utilizar animales
es una vergüenza...

2.8 *Atrapado en la red*
2.8A Answers
5, 4, 8, 1, 7, 3, 6, 2

2.8B Answers
1 imprevistos
2 me paso
3 perfeccionarse
4 a pesar de que
5 se lo pasa bomba
6 apenas
7 en cuanto a
8 es mejor
9 no obstante
10 de tanto en tanto

2.9 *Ésta es mi vida*
2.9A Answers
1 el menor
2 recién nacido
3 fuerza de voluntad
4 poco a poco
5 conseguí
6 multitud de

2.9B Answers
1e 2h 3a 4d 5i 6b 7f 8c 9l 10j 11k 12g

2.9C Answers
I had always been very keen on playing tennis. My father, who is also a great fan, had played for years. Therefore, conscious of my interest, he encouraged me to play and so I did. At first, although it's hard to believe, I played on my knees. Then I relied on the absolute support of my father who encouraged me by saying that he had never seen such a good tennis player who played on his knees.

What started as an interest, and a good way of improving my condition, has, with time, become a passion. And, after playing as an amateur for four years, when I reached the age of nineteen I decided to take it more seriously. Now I train for three hours a day and, although I am aware of the difficulty, my dream is to be captain of the Davis Cup team.

2.9D Answers
1b 2a 3c 4a 5c 6a 7b 8c 9c 10a

2.9 Consolidación Answers
1 Lo 2 La 3 las 4 Les 5 Me lo 6 Nos
7 te 8 os 9 Le 10 nos 11 póngala
12 escribirme 13 Se lo

2.10 *La campeona de la clase* (✱)
2.10A Answers
1 nueve años.
2 medallas.
3 lo peor de este deporte.
4 el régimen de vida de la alta competición.
5 los juegos olímpicos.
6 ha cambiado de entrenadora.
7 está cansada/agotada nunca.
8 los días.
9 que viajar 120 kilómetros.
10 disfruta con lo que hace.

2.10B Answers
1 **a** envidioso **b** fuerte **c** deportista/deportivo
d experimentado **e** agotado **f** local
g estudioso **h** ocupado

2.10C Suggested answers
Her level of responsibility in reconciling both occupations could leave more than one person open-mouthed in astonishment. "I don't believe it's a sacrifice if you enjoy what you're doing. I cope with it OK. When I get home I do my chores and I study. I don't mind studying till two in the morning. I like doing things with enthusiasm because I know that if I don't they turn out worse." An excellent pupil, who scores top marks in all subjects, the gymnast is quite clear that when she is older she will go to university, probably to do an arts degree or perhaps archaeology.

2.10D Answers
1b 2a 3b 4b 5c 6c 7a 8c

2.11 *La pelota*
2.11 Transcript
Mario Oye, Helena, tú que eres vasca, ¿por qué no me cuentas sobre la pelota?
Helena Bueno, el deporte de la pelota vasca, eeh, es muy antiguo, y se compone de diferentes juegos; no solamente existe un juego, la pelota vasca puede ser la pelota . . . a mano, en el cual se juega con la mano, puede ser también con una pala, y sería el frontón; y también puede ser con una cesta: esto es lo que se llama el deporte de cesta-punta.
Mario ¿Y es muy popular en Bilbao y en San Sebastián? ¿Va mucha gente a verlo?

Helena   Sí, es un juego muy popular, eeh, es un juego típi . . ., eeh, en el cual, se basa mucho en el espectador, eeh, puede jugarse en frontones internos, es decir, en pistas internas, cerradas, o también al aire libre. Y es un deporte muy apreciado por, eeh, todos los miembros de la familia, que normalmente suelen ir el domingo a ver un partido con los jugadores locales.

Stella   ¿Cuántos jugadores participan?

Helena   Pueden participar dos o participar cuatro, depende si el juego es individual o por parejas.

Stella   ¿Se juega sólo en el País Vasco o también en otros lugares del mundo?

Helena   Como los vascos siempre han sido tan viajeros, y viven, han vivido y viven hoy en día en muchos lugares del mundo, han exportado también el juego con ellos, y hoy en día se pueden encontrar frontones, lo que se llaman frontones de "jai alai", en todas partes del mundo: Miami, México, Argentina . . . es un juego que se ha vuelto popular en todo el mundo, especialmente en aquellos lugares donde hay poblaciones vascas . . . importantes.

Mario   Sí, ahora que lo mencionas, es cierto, en México se juega el "jai alai".

2.11A Answers
1e   2d   3a   4g   5b   6f [c is the distractor]

2.11B Answers
1   vasca; sobre
2   puede jugarse; también
3   normalmente suelen; domingo
4   se ha vuelto popular; todo el
5   especialmente; lugares; importantes

2.12 *Punto de radio: Para los mayores*

2.12 Transcript
Vamos a hablar hoy de juguetes porque seguramente muchos de ustedes están pensando en regalos de Navidad.

La importancia del juego y del juguete es reconocida por educadores y psicólogos. Todos están de acuerdo en afirmar que el empleo de juguetes ayuda a desarrollar la afectividad, la motricidad, la inteligencia, la creatividad y la sociabilidad de los pequeños.

Pero elegir el juguete adecuado no es tarea fácil. Los medios de comunicación, en especial la televisión, nos bombardean en estos días con mensajes publicitarios presentando como maravillosos unos artilugios con mecanismos complicados, algunos casi perfectos técnicamente pero que no sirven para jugar.

¿Cúanto tiempo va a permanecer inmóvil una niña viendo cómo da vueltas una muñeca bailarina? Pasados los primeros días de sorpresa, ese juguete por el que usted ha pagado varios miles de pesetas, seguramente pasará a ocupar un lugar en el trastero. En cambio nos desconcierta comprobar que un juguete sencillo, un puzzle por ejemplo, es preferido a otro caro y sofisticado.

La verdad es que no sabemos cómo acertar. No pretendemos que usted sea un héroe y contra viento y marea renuncie a comprar algunos de estos juguetes fuertemente publicitados. Sin embargo, siempre puede ser útil dialogar con los niños y hacerles comprender que eso que tanto les gusta cuando aparece en televisión, no es lo mejor. A veces, basta con acercarse a una tienda y verlo al natural para que sufran el desencanto. Ciertamente no son tan grandes ni tan bonitos como parecen en la televisión.

Para ayudarse en la elección del juguete que quiere regalar a un niño, lo mejor es acudir a una tienda especializada, donde le asesorarán sobre el más conveniente de acuerdo con la edad y características del chaval.

También puede preguntar a algunos de los profesores. El juguete debe dar opción a que el niño participe en el juego, a que ponga algo de su imaginación y de paso si también sirve para jugar con otros niños, tanto mejor.

Aunque se nos diga lo contrario, no hay juguetes específicos para niños y niñas. Antes de comprar un juguete, examínelo visualmente, si es posible, pruébelo y compruebe su seguridad porque no siempre se cumplen las normas sobre este aspecto. El consejo europeo de accidentes domésticos y de ocio estima que durante el año pasado se produjeron en España más de 9.600 accidentes directamente relacionados con juegos y juguetes entre niños menores de 14 años.

Así pues, hay que tener cuidado con lo que compramos.

2.12 Answers
1   la afectividad, la motricidad, la inteligencia, la creatividad y la sociabilidad.
2   Porque los medios de comunicación nos bombardean con mensajes publicitarios para juguetes que a veces no son tan buenos como parecen.
3   El juguete que se ve en la televisión no es siempre lo mejor. Se puede ir a una tienda para verlo al natural.
4   Una tienda especializada; los profesores.
5   No hay juguetes específicos para niños y niñas.
6   Más de 9.600.

Unidad 3 *La comida, la salud*

3.1 *La gastronomía española* (✓)

3.1A Answers

1e 2c 3g 4a 5f 6b

3.1C Answers

Uno de los mayores **alicientes** de España es, sin duda, el de su cocina, que es una de las mejores del mundo por la calidad y variedad de sus productos. No puede hablarse con rigor de una cocina nacional sino de **muchas gastronomías** regionales influidas en cada caso por **el clima** y las formas de vida **locales**. La cocina española se distingue por **emplear**, tradicionalmente, el aceite de oliva en la preparación de la **alimentación** como grasa vegetal y la manteca de cerdo como grasa animal, así como por la gran variedad de frutas y **hortalizas** que aportó la cultura árabe a la mesa y otros elementos como la patata y el tomate **llegados** de América.

3.1D Transcript

Entrevistadora   Pasamos a considerar ahora la gastronomía de Cataluña.

Voz   La cocina de Cataluña, situada en el noreste de la península, refleja su situación geográfica. Al estar en el litoral mediterráneo, se come mucho pescado, claro.

Entrevistadora   Los bares del Barri Gòtic, cerca del puerto de Barcelona, tienen fama por sus tapas de pescado de todos tipos.

Voz   Sí. Pero la cocina catalana es también producto de las llanuras al interior, donde se cultiva mucha verdura, mucha fruta, y cereales como el trigo. Se dice que el pan, el aceite y el vino son los tres alimentos básicos de la cocina regional.

Entrevistadora   Y aquí se produce uno de los vinos más famosos de la península.

Voz   Es verdad. El cava es uno de los vinos estrella de España, que se exporta mucho. Las viñas de las colinas y los valles soleados de la región producen un vino espumoso muy fino que ahora rivaliza con los champanes tradicionales de Francia.

Entrevistadora   Si bajamos por la costa hacia el sur, llegamos a Valencia. ¿Es su cocina parecida a la catalana?

Voz   En cuanto a la variedad de su verdura y fruta, sí. El paisaje es un mosaico de huertas de naranjas, limones y melocotones y la gastronomía es una mezcla de platos más fuertes de la meseta y del interior, y de platos típicamente mediterráneos. Pero en la región valenciana se cultiva algo que se puede cocinar de muchas formas: seco, caldoso o en paella...

Entrevistadora   El arroz.

Voz   Precisamente, el arroz. Su cultivo en la región es muy antiguo – se remonta a la época de los moros.

Entrevistadora   ¿La influencia árabe también se extiende a la región de Andalucía?

Voz   Sí. Aquí, se nota su influencia sobre todo en la pastelería: esos hojaldres con miel y nueces, los polvorones de canela ... todos muy dulces.

Entrevistadora   Y la región es famosa también por sus vinos.

Voz   Claro. El vino de Málaga tiene mucha fama, y los licores basados en coñac se fabrican en Andalucía también. Pero el vino más popular es el jerez.

Entrevistadora   Muy apreciado por los ingleses.

Voz   Y con razón, porque muchas de las bodegas fueron creadas por familias católicas inglesas que llegaron aquí en el siglo dieciséis.

Entrevistadora   ¿Cuáles son los platos más típicos de Andalucía?

Voz   Un plato muy típico y muy popular es el gazpacho.

Entrevistadora   Hay dos tipos de gazpacho, ¿verdad?

Voz   Sí. En la parte central de España también se toma un gazpacho, pero es un plato caliente con carne. El gazpacho andaluz es una sopa a base de tomate, pimiento y ajo que se toma muy fría en verano.

3.1D Answers

1C 2A 3V 4C 5A 6C 7A 8V

3.1E Answers

6, 4, 2, 5, 9, 3, 10, 8, 1, 7

3.1 **Consolidación (articles)** Answers

1   The north is a damp and rainy region which offers a rich and varied gastronomy of meat as well as fish. The Basque country presents a seasonal cuisine, based on home cooking, with dishes of its own such as *marmitako* (potatoes with bonito fish) and *txangurro* (clams and spider crab). Asturias also has some specialities worthy of note, such as *fabada* (bean and pork stew), cheese and cider (made from apples). Cantabria offers a great diversity in seafood and mountain cooking, with high-quality products such as beef, anchovies and dairy products. Among the specialities of Galicia it's worth mentioning *pote, caldeiradas*, octopus, dairy products and pastries.

2   **a** Uno de los mayores atractivos de la cocina regional española es que utiliza los alimentos de la zona.

   b En las zonas montañosas, los platos

regionales se basan en la carne y los productos lácteos.

  c El pescado, los mariscos y el pulpo son todos ingredientes que tienen gran aceptación.

  d El vino acompaña a la mayoría de las comidas: se bebe sidra en el norte, y sangría en el sur.

  e Comer y beber son dos de los ritos más agradables de la vida cotidiana.

  f Los horarios de las comidas suelen retrasarse en el sur: se toma el almuerzo entre las dos y las tres de la tarde, y la cena a partir de las diez de la noche.

3.1 Consolidación (adjectives) Answers
2 a gran **b** ninguna **c** buena, buen
d Cualquier **e** primera **f** mal

3.2 *Bebidas españolas*(✓)

3.2A Transcript
Nuria Ésta es la bebida que es típica de Galicia, en el norte de España, que se hace con orujo, que es una bebida alcohólica muy fuerte típica de Galicia.

José Sí.

Nuria Se pone en un cacharro de, en, un cacharro de barro con granos de ... de café, con azúcar, con limón. Se mezcla todo junto y se prende hasta que se apaga...

José Aha.

Nuria Y después se come, se, se bebe caliente...

José Mmmm.

Nuria Y es, está muy buena. Es fuerte...

José Es fuerte, ¿no? Sí...

Nuria Pero buena, sí...

José Aunque algo del alcohol se quema cuando...

Nuria Sí, se quema parte del alcohol. Pero, bueno, no dejas que se queme todo el alcohol. Entonces, bueno, caliente y además con el alcohol que tiene...

José Muy bien.

Nuria Muy buena para el frío del norte de España.

José Sí. Tengo que probarlo.

Nuria Y luego también ... y pasando de una bebida típica del invierno a una bebida típica del verano, eh, es esta bebida, eh, que se toma fría. Es una mezcla de vino con zumo de frutas y se prepara en un barreño muy grande normalmente.

José ¡Ah! Sí, sí.

Nuria Con hielo y trozos de fruta y después se mezcla, se echa normalmente vino tinto y luego se suele echar, bueno, zumo de frutas, zumo de limón. A veces también se echa gaseosa.

José Mmmm.

Nuria Y es muy buena. Se suele hacer normalmente para las fiestas en verano, si hay fiestas en la playa...

José En los pueblos...

Nuria En los pueblos...

José ¡Ah! Muy bien. Y, ¿qué fruta se usa? ¿Qué trozos de fruta se ponen?

Nuria Pues se suele utilizar trozos de naranja, trozos de manzana, limón. Puedes utilizar las frutas que quieras realmente. Pero, vamos, ésas son las más típicas. Y azúcar, también. Se echa un poco de azúcar para endulzarlo más.

José ¡Ah! Yo también conozco una, una bebida dulce. Esa es un poco alcohólica, más, más fuerte, pero, pero tampoco es demasiado fuerte. Y se hace con, con el fruto que es la endrina, que se saca de un árbol que se llama el endrino y se deja macerar con, con el alcohol que se usa para, para las bebidas y, cuanto más tiempo lo dejas más, más fuerte sale. Y se toma también en verano, bueno en invierno también pero más en verano con hielo y ... Parecido al anís, dulce también... Y también depende cómo lo hagas para que salga más fuerte o menos fuerte. Y eso es el truco: el conseguir, eh, sacarle el jugo pero no demasiado para que no salga demasiado fuerte.

Nuria Y, ¿de qué parte de España es esta bebida?

José Es de Navarra. Es la típica de Navarra.

Nuria Del norte también.

José Sí.

3.2A Answers
Drinks described in this order: 5, 1, 2

3.2B Transcript
José Bueno, pues dime, ¿qué son las cosas que echas de menos?

Nuria Yo, lo que más echo de menos es el vino de Rioja, que aquí es carísimo y no es tan ... no consigue ser la misma calidad que en España. Un vinito de Rioja con la comida eso lo echo de menos mucho.

José Sí, sí, se echa de menos. Sí, yo también lo echo de menos; lo que pasa que también hay cosas como el ... bebidas sin alcohol como el mosto, que ésas tampoco las he visto aquí nunca.

Nuria Sí, bebidas de verano como la horchata que tampoco es una bebida alcohólica, ¿no?, típica de Valencia, también las echo de menos.

José Sí, como el mosto, que también es de Valencia, o la limonada también, es hecha de ... hecha naturalmente y no sé qué cosas más porque vino más o menos Rioja yo sí lo he encontrado aunque no el mismo pero, pero también vinos ya más particulares como el Ribeiro, el vino gallego...

Nuria Sí, que es muy rico con el pescado.

José Sí.

Nuria Es muy bueno para comidas con pescado. O sea, ése no lo encuentras aquí. Y lo que también echo de menos, aunque, bueno, se puede hacer aquí, es la sangría, que es una mezcla de vino con zumo de frutas. Muy buena para el verano.

José Sí, sí, con azúcar . . . y también cosas ya más fuertes como la queimada para el invierno que te quita el frío . . .

Nuria Sí, típica de Galicia.

José Sí, que se hace con orujo, que es típico de Galicia y se echa azúcar, se echa granos de café . . .

Nuria Granos de café.

José Y se quema y se hace al, en el exterior para, para, calentar, ¿no? para cuando hace mucho frío en invierno.

Nuria Para ahuyentar a las meigas, como dicen en Galicia, las brujas.

José Muy bien. Y, ¿qué más? ¿Qué más cosas echas de menos? Bebidas así, más regionales, como el pacharán también, que es de . . . de Navarra . . .

Nuria Sí, del norte.

José Es un poco alcohólico pero no muy fuerte.

Nuria ¡Demasiado fuerte para mí!

José Sí. O el anís, el anís también, el ponche . . .

Nuria El ponche, el ponche.

José Hay mucha variedad de, de bebidas no muy fuertes. Las bebidas ya más fuertes como el whisky o el . . .

Nuria Sí, pero eso lo puedes encontrar en cualquier sitio.

José La ginebra, eso sí lo encuentras aquí.

Nuria Mmm.

José Muy bien. Estupendo.

3.2B Answers

1d 2i 3b 4g 5a 6e (distractors are c and h)

3.3 *Comprar: costumbres y cambios* (✓)

3.3A Transcript

Stella Yo vengo de Madrid. Normalmente la gente joven suele comprar en supermercados y grandes superficies mientras que las personas mayores prefieren comprar en tiendas más pequeñas de ultramarinos o incluso en los mercados, que hay más o menos en cada barrio. También las personas mayores suelen comprar comida, pues, que requiere una preparación y, sin embargo, las personas más jóvenes compran muchos más platos preparados o incluso, sí, precongelados, que sólo tienen que meter en el horno y comer cuando llegan del trabajo. No sé si pasa lo mismo en Andalucía.

Pilar Sí, en el sur es exactamente igual. Las personas mayores suelen ir a tiendas pequeñas, a pequeños comercios, y la gente joven va a supermercados donde encuentran más variedades y precios más económicos.

José Sí, yo recuerdo a mi madre, cuando yo era pequeño, solía ir a las tiendas y conocíamos a . . . a todos los dueños de cada tienda, de la panadería, de la huevería, y ahora mismo esas tiendas pues han cerrado y . . . y no tiene más remedio que ir al supermercado aunque también va a un mercado que es un poco más grande y es más en plan tradicional, donde todavía conoce a la gente que sirve. Es un mercado más grande pero puede conseguir todos los productos que ella busca más que la gente joven, más que nosotros, porque tiene más tiempo para cocinar, porque cocina mejor y porque, bueno, porque conoce también a . . . a la gente que . . . que . . . que vende allí.

3.3A Answers

1 sí 2 sí 3 no 4 sí 5 sí 6 sí 7 sí 8 no

3.3B Transcript

Mario Como bien dices, esos contactos se han perdido. El supermercado es mucho más anónimo – tú no conoces a la gente que te está vendiendo. En la ciudad de México que es . . . que ha crecido bastante, este tipo de comercio se ha ido perdiendo y ya se ha ido sustituido por los . . . los supermercados. Yo recuerdo mis abuelos hacían la compra como . . . como en el caso de tu familia también iban por el . . . al almacén de ultramarinos, a la lechería, a la frutería, y esto se ha perdido porque la gente ya no tiene tiempo para dedicarle a la compra. Está tan preocupada por llegar a tiempo a sitios y desplazarse de un lugar a otro y en la ciudad de México está tan complicado que va directamente al supermercado y consigue ya comida congelada o precocinada.

José Sí, yo recuerdo en mi barrio había un mercado de fruta y verduras un día a la semana. Todavía existe, pero . . . pero . . . ha disminuido mucho. La venta probablemente acabará por . . . por no . . . no . . . no estar nunca más.

Stella Pero hay diferencias entre los pueblos y las ciudades, porque en los pueblos de España muchas veces el mercado es sólo un día y todo el mundo va a la plaza del pueblo y congregan allí pero claro ellos no tienen problemas de desplazamiento, para ellos es muy fácil llegar a la plaza del pueblo rápido y tienen otro ritmo de vida, ¿la verdad?

José Sí, también por la distancia, porque las distancias son menores a la hora de ir a la compra y volver o ir a trabajar . . . entonces hay más tiempo. La gente joven, sí, yo creo

¡Sigue! 1 Segunda edición

que ... que también cuando se reúne en los fines de semana para comer o cenar entonces sí que se cocina y se compran los ingredientes frescos pero por lo general, eh, pues, le gusta a todo el mundo salir más que antes probablemente, entonces prefieres tener alimentos precocinados y tener más tiempo para hacer otras cosas, como salir o ir al cine o ... o simplemente estudiar.

3.3B Answers
1 b a 2 d b 3 a c 4 b d 5 c a 6 d a

3.3 ¿Cómo se dice . . . ? Answers
1 preparación jóvenes Andalucía económicos solía conocíamos panadería todavía
2 más anónimo está México hacían también almacén lechería frutería sí había día todavía acabará sólo fácil rápido

3.3 Consolidación Answers
qué cuántas Cómo Cuál qué dónde Cómo por qué Cuándo cuáles cuánto quién

3.4 *La dieta moderna – ¿beneficiosa o perjudicial?* (✓)
3.4A Answers
1 Héctor 2 Merche 3 Merche, Héctor
4 ninguno 5 Merche 6 Héctor 7 Merche
8 Merche, Héctor

3.4 Consolidación Answers
En el desarrollo de **las gastronomías nacionales**, siempre hay muchas **crisis. Los cambios** de clima, **los desastres naturales o ecológicos** y **las invasiones** de **grupos étnicos diversos** – todo influye en **los regímenes alimenticios. Las imágenes** que tenemos de una cocina española homogénea, a base de paella valenciana y vinos **catalanes o andaluces**, son falsas: los **árabes**, los **franceses** y – ahora – los **americanos** han dejado sus **huellas** en los diferentes **carácteres** de nuestras **cocinas regionales**.

3.5 *Comer sano* (✓)
3.5A Answers
1d 2a 3f 4e 5c 6b

3.5B Answers
1 logotipo 2 abonos/fertilizantes
3 plaguicidas 4 fungicidas 5 trasnochados
6 huerto 7 rechazar 8 pastar 9 nutrir
10 herramientas

3.5C Suggested answers
1 utilizar 2 cuestan 3 error
4 nutrir/alimentar 5 alimentación/agricultura
6 cultivar

3.5E Transcript
Entrevistador ¿Cuál es la situación en España con respecto a los productos orgánicos?

Experta Se exportan más productos orgánicos de los que se consumen en el propio país. Las zonas agrícolas orientadas hacia la exportación son las más próximas a las costas del Mediterráneo y gran parte de las provincias de Andalucía. El comercio interior se limita a las grandes capitales, y los productos llegan fundamentalmente de las zonas de Navarra, Extremadura, Andalucía, Cataluña y Valencia.

Entrevistador ¿Por qué se producen y consumen alimentos orgánicos?

Experta Al comprar productos orgánicos no sólo estamos beneficiando nuestra salud personal por las cualidades intrínsecas de éstos, sino que además se contribuye a la salud global del ecosistema en el que vivimos.

Entrevistador ¿Cuáles son las diferencias entre un producto normal y un producto orgánico?

Experta Se ha comprobado que los productos orgánicos tienen más minerales como el potasio, el calcio, el magnesio y el hierro. Estos minerales son importantes en nuestra dieta: por ejemplo, la falta de magnesio produce afecciones cardiovasculares, estado depresivo, cansancio y alergias. También contienen menos agua pero lo más importante es que no contienen los residuos de plaguicidas, abonos, etcétera que contienen los productos normales que se acumulan en nuestro organismo y que son tan dañinos para nosotros, los consumidores.

Entrevistador Se dice que la agricultura sin fertilizantes no podría producir la cantidad de alimentos requerida para una población mundial creciente. ¿Cómo responde usted?

Experta No es seguro que la agricultura química pueda alimentar al mundo. Con la agricultura industrializada se pierde la cultura agrícola y campesina, el profundo conocimiento de los procesos naturales, y las variedades y tipos apropiados a las condiciones de cada zona. La agricultura orgánica no sólo permite garantizar la seguridad alimentaria en países industrializados, entre los que se encuentra España, sino también en los países del Tercer Mundo.

Entrevistador Algunos dentro del movimiento ecologista critican la agricultura industrial por su actitud hacia el Tercer Mundo. ¿A qué se debe?

Experta Bueno, algunos productores de plaguicidas muestran una indiferencia total hacia los países en vías de desarrollo, vendiendo los productos prohibidos en los países industrializados e intoxicando la tierra. Además, la creciente mecanización y otras muchas técnicas de la agricultura industrial implican elevados consumos de energía, algo que los países en vías de desarrollo no se pueden permitir, o que son simplemente imposibles. Si animamos al Tercer Mundo a adoptar nuestra agricultura industrial actual, que es de por si ya tan deficitaria, nunca conseguirá un aprovechamiento íntegro y sostenible de sus recursos naturales.

Entrevistador Hemos aprendido mucho de la experiencia con el DDT: eso nunca volverá a pasar. Además, ¿los plaguicidas de hoy no son biodegradables?

Experta No hay ninguna seguridad de que otra experiencia parecida a la del DDT se repita. La mayoría de los venenos utilizados por la agricultura química para combatir las plagas y enfermedades de las plantas son también tóxicos para las personas. El viento y el agua reparten los venenos por todo el planeta, y extienden la contaminación más allá de cualquier frontera. Se ha encontrado DDT, uno de los primeros insecticidas de síntesis química, en la grasa de pingüinos y osos blancos localizados en ambos polos, a miles de kilómetros de los cultivos donde se usó. Es innegable que muchos plaguicidas tardan decenas de años en degradarse y, en otros casos, los productos resultantes de su degradación son más peligrosos aún que el veneno original.

Entrevistador Pero sin embargo no se puede detener el progreso. Volver hacia atrás a una agricultura antigua no parece adelantar las cosas...

Experta La agricultura de productos orgánicos no significa, como algunos pretenden hacer ver, volver a la agricultura del pasado. No existe indicación alguna de que este tipo de agricultura no sea complementaria y compatible con los modernos conocimientos técnicos y científicos. Éstos permiten comprender la razón de ser de las técnicas tradicionales, su mejora y su justa aplicación, y aportan también nuevos procesos y medidas.

Entrevistador ¿Cuál es la posición del movimiento ecologista frente a los alimentos transgénicos?

Experta La agricultura ecológica se opone a la utilización de plantas o animales genéticamente modificados, por considerar que no se dispone de un marco conceptual que permita conocer las consecuencias a largo plazo de estas modificaciones.

3.5E Answers

1 El comercio orientado hacia la exportación está **más** desarrollado que el comercio interior.
2 Las regiones más orientadas hacia la exportación son las que se encuentran cerca de las **costas** mediterráneas.
3 En la agricultura química se acumulan sustancias tóxicas en los alimentos, poniendo en peligro la salud de los **consumidores**.
4 Con la compra de productos orgánicos adquirimos productos que **benefician** nuestra salud.
5 El cultivo de productos orgánicos contribuye **mucho** a la salud del ecosistema.
6 La agricultura **orgánica** garantiza una alimentación segura en los países del Tercer Mundo.
7 La venta de productos **prohibidos** en los países industrializados intoxica la tierra de los países en vías de desarrollo.
8 La **degradación** de plaguicidas tiene como resultado la elaboración de venenos más tóxicos que los productos originales.
9 Los antiguos conocimientos del cultivo son **compatibles** hoy con los actuales procesos y medidas.
10 La ausencia de datos sobre los efectos de los alimentos transgénicos a **largo** plazo dificulta su aceptación por la agricultura ecológica.

3.5 ¿Cómo se dice ... "g"? Transcript
los productos orgánicos
las zonas agrícolas
las grandes capitales
los productos llegan
la salud global
el magnesio y el hierro
cansancio y alergias
garantizar la seguridad alimentaria
algunos dentro del movimiento ecologista
    critican la agricultura industrial
elevados consumos de energía
nunca conseguirá un aprovechamiento íntegro
los plaguicidas de hoy no son biodegradables
no hay ninguna seguridad
las plagas y enfermedades
el viento y el agua
la grasa de los pingüinos

3.5F Answers
ecologista, agrícola, orientado, campesino, dañino, global, industrializado, alimentario, creciente, tóxico

3.5I Transcript
Hola, buenos días. Soy Ana García de Mercamadrid. Llamo para confirmar su pedido de frutas y verduras. Usted pidió 15 kilos de

manzanas, y le confirmo que el precio es 100 pesetas el kilo; 20 kilos de naranjas a 120 pesetas el kilo; 50 kilos de patatas a 130 pesetas el kilo y 50 kilos de cebollas a 75 pesetas el kilo. Si tiene cualquier duda, por favor póngase en contacto con nosotros en el teléfono 91 773 5762. Gracias.

3.5I Answers
1
COMPAÑÍA		*Mercamadrid*
AGENTE DE VENTAS		*Ana García*
TELÉFONO		*91 773 5762*
PEDIDO		
ARTÍCULO	CANTIDAD	PRECIO
manzanas	15 kilos	100 pesetas el kilo
naranjas	20 kilos	120 pesetas el kilo
patatas	50 kilos	130 pesetas el kilo
cebollas	50 kilos	75 pesetas el kilo

3.5I Answers
2 Thank you for the confirmation of your order, which we will deal with as soon as possible. May we please call your attention to the following:
  • Due to larger than expected sales and orders in the run-up to Christmas, it is possible that delivery dates may be delayed for up to 48 hours in certain areas. Should this apply to you, we will inform you by phone the day before the original delivery date. We apologise for any delay, but if this is likely to cause major difficulty, please get in touch with us immediately.
  • New prices for bulk orders! Discount of 20% on all orders of 50 kilos or more during the month of January.
  • Mercamadrid is pleased to announce its expansion into dried fruits and frozen vegetables at excellent prices for the smaller retailer. Please contact your sales representative for further details.
  • Keen to take advantage of our bulk offers but worried about storage or refrigeration? Our sister company Frigomadrid may be able to help! Contact Nuria Villegas in the sales department.

3.5I Suggested answer
3 *Fax: Sección de ventas, Mercamadrid.* Necesitamos que nuestro pedido esté aquí la fecha de entrega original (el 16 diciembre) – la fecha que confirmaron ustedes cuando lo hicimos. Si no pueden garantizar ese día la fecha original, cancelaremos nuestro pedido: tengan la bondad de contestar antes del mediodía mañana.
  Nos interesa ampliar nuestro comercio importador para incluir frutos secos. ¿Se venden productos orgánicos también? Nos complaceríamos en recibir su lista de precios.

3.5 Consolidación Answers
2 **a** pueda **b** son **c** tenga **d** deja **e** dañen **f** haya

3.6 *Los mejores remedios* (✳)
3.6A Answers
1 sí **2** no **3** sí **4** no **5** sí **6** no **7** sí **8** sí **9** no **10** sí

3.6B Answers
1 pasar la noche en blanco
2 ayudar
3 meterse en la cama
4 tumbarse
5 espirar
6 una pesadilla
7 relajar
8 retener
9 inspiración

3.6C Answers
Julio: no se debe beber mucho líquido ni comer tanto antes de acostarse.
Catalina: el ejercicio físico por la tarde activa o estimula el organismo. Es mejor hacerlo por la mañana o a primeras horas de la tarde.
Adriana: para provocar el sueño, la única hierba comprobada es la valeriana.
Paco: si no quieres que la luz te despierte temprano, es mejor dormir con las cortinas cerradas.

3.6D Answers
Todo el mundo necesita un sueño refrescante para sentirse bien, ¡y pasar una noche en blanco puede parecer como una forma de tortura! Pero el sueño es uno de esos temas sobre los cuales hay muchos mitos. Aunque lo más importante es que el sueño sea ininterrumpido, despertarse brevemente siete u ocho veces cada noche – aunque no somos conscientes de ellos – es normal. Necesitamos períodos de sueño lento, alternando con el sueño rápido cuando experimentamos los sueños y las pesadillas. Hay varios trastornos del sueño: desde la dificultad de conciliar el sueño hasta el insomnio crónico. Los mejores remedios son: relájate antes de meterte en la cama/acostarte, no bebas mucho líquido, come algo ligero y cierra las persianas para eliminar los ruidos/el ruido de la calle.

3.6 Consolidación Answers
1 túmbate – tumbarse; tensa – tensar; mantén – mantener; relaja – relajar; espira – espirar; repite – repetir; tiéndete – tenderse; cierra – cerrar; suelta – soltar; realiza – realizar; retén – retener; limita – limitar
2 **a** encuentra **b** haz **c** sigue **d** evita **e** cenes **f** duermas **g** relájate **h** acude

3.6E Transcript/answers

Se terminó salir al extranjero para seguir el tratamiento de la **famosa** Doctora Ashland. Ahora ya está en farmacia su **revolucionario** tratamiento para cuidar y tratar la piel. Sus cápsulas actúan desde dentro renovando las células de la piel y potenciando la **sensacional** eficacia de la crema GEROVITAL H3. Con la Doctora Ashland la piel se renueva rápidamente, revive y brilla de **nuevo**. Tratamiento **completo** GEROVITAL de la Doctora Ashland. Una realidad **científica** para tu piel.
¡Por fin en tu farmacia!

3.7 *Mitos sobre el tabaco* (✓)

3.7A Answers

1, 2, 4, 6

3.7B Answers

1g **2**e **3**k **4**a **5**l **6**d **7**f **8**j **9**b **10**i **11**h **12**c

3.7D Answers

1 además
2 puede que
3 por otra parte
4 se considera
5 fundamentalmente
6 en menor proporción
7 con respecto a
8 aún así
9 sin embargo

3.7G Transcript

A   Bueno, hombre, ¿qué te ha parecido el partido?
B   Hombre, para haber perdido 354 a 3 no está mal.
A   ¿Verdad que no? Y ¿qué te pasa que tienes esa cara de "pasamustias", hombre?
B   El chaval, que nos dijo ayer que se marchaba de casa.
A   Pues ya es una faena, sí.
B   Un disgusto más grande que un queso de bola porque a los tres minutos cambió de opinión y se ha quedado.
A   Vaya por Dios. Pues yo lo siento. Te acompaño en los sentimientos pertinentes.
B   Pues si me fueras a dar un puro, casi te lo prefiero.
A   Pues toma, hombre. Fúmate un purito Reig y olvídate de todo.
¡FUMA REIG Y OLVÍDATE DE TODO POR UN RATO!
A   Y ¿qué edad tiene ahora el chaval?
B   Pues el jueves pasado hizo 52 ya.
A   Todo un mocetón.

3.7G Answers

2   **a** el resultado del partido
b tiempo durante el cual el chaval cambió de opinión
c edad del chaval

3.7 Consolidación Answers

1   directamente, fundamentalmente, seguramente, bien, probablemente, mal, rápidamente, perfectamente
2   **Últimamente**, habrás leído mucho sobre los efectos nocivos de fumar. Uno puede enviciarse **fácilmente** con el tabaco y – **desgraciadamente** – cuesta dejarlo. Puede que mueras **lentamente**, sufriendo de enfermedades pulmonares, o **súbitamente** de un infarto. Mientras enciendes **tranquilamente** un pitillo, tu cuerpo responde **rápidamente** con alteraciones en la tensión arterial. ¿Por qué lo haces? A corto plazo, hueles **mal** y a la larga, no te vas a sentir **bien** – si es que llegas a los cincuenta años. ¡Déjalo! Vive tu vida **sana y alegremente**: la vida es para vivir, y el tabaco para morir.

3.8 *El fumador pasivo* (✓)

3.8A Transcript

Entrevistador   ¿Quién es el fumador pasivo?
Experta   El fumador pasivo es el que respira el humo que se desprende de los cigarrillos, pipas o puros encendidos.
Entrevistador   Y ¿cuáles son los peligros que pueden afectar al fumador pasivo?
Experta   Pues, tiene más efectos perjudiciales de los que nos podemos imaginar. Los no fumadores que conviven con fumadores tienen un riesgo de contraer el cáncer de pulmón mayor que los que no viven o trabajan con fumadores.
Entrevistador   Pero ¿a qué se debe este riesgo?
Experta   Pues se debe a que el humo procedente de un cigarrillo que se quema lentamente en el cenicero es más tóxico.
Entrevistador   En efecto, el no fumador tiene que fumar también.
Experta   Precisamente. El alquitrán se encuentra en las partículas del humo, que se respira no sólo por el fumador activo sino también por el pasivo.
Entrevistador   Pero los fumadores protestan porque dicen que en lugares climatizados, no debería haber problemas.
Experta   Se puede haberlos, y de hecho los hay. En primer lugar, no todos los aires acondicionados reciclan el aire al 100%. Algunos no incorporan aire del exterior y otros sólo una parte.
Entrevistador   Entonces el aire reciclado no es puro.

Experta   No. De esta manera la concentración de las más de 4.000 sustancias tóxicas del tabaco aumenta. Unas cuatrocientas de éstas son toxinas, y se ha demostrado que cuarenta y tres de ellas causan cáncer. Las personas cercanas al fumador no tienen más remedio que respirar ese coctel tóxico también.

Entrevistador   Pero los adultos no son los únicos fumadores pasivos, ¿verdad?

Experta   Verdad. El niño se convierte en un fumador pasivo si se encuentra en una estancia con personas que están fumando.

Entrevistador   Y ¿cómo les afecta?

Experta   Pueden padecer infecciones respiratorias, de asma, retrasos en el crecimiento y alteraciones neurológicas, entre otras patologías.

Entrevistador   He oído que en los casos donde un bebé se muere de repente, el tabaco puede ser la causa – ¿nos puede aclarar este asunto?

Experta   Sí. La combinación del humo y la temperatura elevada en una habitación incrementa los casos de muerte súbita en bebés, según la opinión de un grupo de científicos de la ciudad francesa de Royan.

Entrevistador   ¿Y es verdad que el tabaco también afecta a los bebés en el útero?

Experta   Sin duda. Si una mujer embarazada fuma un cigarrillo, se produce inmediatamente un aumento de la frecuencia cardíaca fetal que pasa de 130 a 180 latidos por minuto. En efecto, le produce estrés. Además el riesgo de aborto, placenta previa, desprendimiento prematuro de placenta y parto prematuro es más elevado.

Entrevistador   ¿Y parece ser que los chicos están más afectados que las chicas?

Experta   Sí, en el sentido en que los hijos de madres que han fumado durante su embarazo corren el riesgo de tener un comportamiento violento que perdura hasta su edad adulta, quizás debido a un daño en el sistema nervioso central.

Entrevistador   Bueno, parece que el tabaco no sólo afecta a los fumadores.

Experta   El fumar afecta a todos: a los adultos fumadores, a los no fumadores, a los niños, a los recién nacidos e incluso a los fetos. Es una droga muy nociva.

3.8A Answers

a7: el bebé se estresa/aumenta la frecuencia cardíaca fetal

b5: pueden padecer infecciones respiratorias, retraso del crecimiento/de alteraciones neurológicas

c8: pueden tener un comportamiento más violento

d3: el aire no es puro/el sistema no recicla el aire al 100%

e4: hay más de 4.000 sustancias tóxicas

f1: los fumadores pasivos tienen un mayor riesgo de contraer cáncer del pulmón que los que no viven/trabajan con fumadores

g6: el humo de los cigarrillos y la temperatura de la habitación

h2: el humo del cigarrillo que se deja quemar en el cenicero es más tóxico

3.8B Answers

1 el fumador empedernido
2 AFECTA
3 el fumador empedernido
4 AFECTA
5 el fumador empedernido
6 AFECTA
7 AFECTA
8 el fumador empedernido
9 el fumador empedernido
10 AFECTA

3.8C Answers

1 un puro
2 desgraciados
3 acosadas
4 plastas
5 fisgones
6 primar
7 meter la cabeza debajo del ala
8 aguafiestas
9 un pitillo
10 los recintos

3.8E Answers

1 People have been smoking for centuries. Forty-five per cent of the population smokes. It's a very simple pleasure and a lot less harmful than dropping litter in the street or driving a car whose exhaust fumes pollute the environment.

3 The majority of people who smoke are polite, hard-working and lead a healthy life – not like those good-for-nothings you see hunched over in the doorways of offices and shops injecting themselves with goodness knows what, or stretched out in the park under the trees clutching a syringe.

5 All this stuff about passive smoking is only propaganda put out by do-gooders and nosey-parkers who want to do away with individual freedom. We have to stand up to them. I don't give a damn about their facts and figures.

8 The anti-smoking organisations say that we smokers harm non-smokers, that we don't want to recognise that fact, and that we want to stick our heads in the sand. If we do this, it's because we're fed up with having to listen to continual complaints from those spoilsports who call themselves "non-

smokers", always quoting their statistics and lecturing you every time you light a fag.

9 They call us egotistical, and they think we set the young a bad example. But young people never respect their elders! The bad example is not to know how to live and let live.

3.9 *Así conseguí dejar de fumar*

3.9 Transcript

Primera parte

Unos meses antes. Reconozco que estoy harta de fumar. Tengo la sensación de que, aunque mi olfato ya está algo deteriorado, todo huele a tabaco a mi alrededor: mi ropa, mi habitación ... En realidad huele a tabaco todo lo que rodea mi vida cotidiana y hasta mis besos saben a nicotina reconcentrada. Lo que más asco me da es ver constantemente el cenicero lleno de colillas; aunque las tire se reproducen como moscas. Empecé a fumar cuando tenía 13 años, por probar; hoy tengo treinta y sigo fumando más de un paquete al día. Y no es que me esté muriendo de un cáncer de pulmón, pero me indigna no ser capaz de controlar algo que me hace tantísimo daño. Me da la sensación de que no sería capaz de dejar, si fuera el caso, la heroína, de abandonar el hábito de las pastillas de dormir ... y eso me pone histérica. Y lo peor de todo: reconozco que hay ciertos cigarrillos al día que fumo con mucho placer, pero el resto, es decir, el 85 por ciento, es puro vicio. Incluso hay días que creo que vuelco mi malestar conmigo misma en el tabaco: fumo más cuánto peor estoy. Esta dependencia psicológica me repugna.

Segunda parte

Intento inicial. Hoy no voy a fumar nada, y lo voy a hacer por las bravas. Es sábado y decido darme un paseo para que se me haga más llevadero, pero me siento fatal; cualquier pensamiento pasa por un cigarro. Total, ¿por qué hoy y no mañana? A las 12.45 me fumo uno y lo apuro hasta el final. ¿Es que no soy capaz de hacer esto por mí? ¿Tan poquito me quiero?

Primer día. Bien; hoy no voy a decir "para siempre", es demasiado duro todavía. Dejémoslo en "no voy a fumar en cinco días, hasta el viernes". Si no puedo, no he perdido nada. Lo peor es superar los diez segundos posteriores al deseo de encender un cigarrillo. Para esto también busco ayuda: guardo toda esa energía buena que se produce en mí cuando consigo no fumar e intento transmitirla a la gente que tanto quiero ... pienso fuertemente en ellos, en que por ellos sería capaz de hacerlo si me lo pidieran (alguno lo ha hecho); entonces ¿por qué no

por mí? Con este trajín pasan los minutos y no fumo. ¿El peor momento del día? Cuando estoy sola. En el trabajo, con cada cigarro que no me fumaba le demostraba a los demás que soy capaz de conseguirlo, pero a solas no hay a quién demostrar nada.

Segundo día. Fui idiota ayer. ¡Mira que fumarme ese cigarro! Hoy desearía matar a alguien, quiero beberme el mar, comerme una vaca ... de todo. En realidad lo que quiero es fumar, fumar infinítamente y para siempre, casarme con el tabaco si es preciso. Repaso los pros y los contras (tengo el cartel colgado en el armario). ¿Es que no voy a ser capaz de lograrlo?

A las 7 de la tarde voy a clase de canto. ¡Eureka! un re bemol que da gusto. Por la tarde subo las escaleras (menos de 48 horas y ya se nota), y mi piel parece mucho más hidratada. Definitivamente, esto de dejar de fumar ha sido un acierto.

Primer fin de semana. Soy un hacha. He conseguido mantenerme toda la semana fumando un sólo cigarrillo después de cenar. Hoy sábado sólo tengo que esperar hasta la noche para volver a mi nueva costumbre. Pero, ¿qué tal si hago una pequeña excepción?

El domingo por la noche me doy cuenta de mi error. He fumado más de 10 pitillos en el fin de semana. He de decidirlo: o fumo con todas las consecuencias o dejo de fumar; esto de encender un cigarro de vez en cuando es sólo para los que no tienen un hábito fuerte.

Segunda semana. En algunas ocasiones pienso por qué quiero dejar de fumar ("al fin y al cabo no hace tanto mal," me justifico), pero a los pocos minutos vuelvo a recordar la tabla de los pros y los contras. E incluso he descubierto otro detalle muy positivo: el dinero que me ahorro.

¡Con ese dinero me voy a comprar un traje de baño!

Después de un mes. Dicen que hasta que no pases un año no puedes considerarte no fumador (las recaídas son frecuentes), pero noto que ya he conseguido romper el círculo vicioso. Mi casa huele a flores, yo me veo mucho mejor (siento que el cuerpo me lo agradece cada día).

Me siento orgullosa y libre. Sin duda alguna ¡ha merecido la pena el esfuerzo!

3.9A Answers
1, 2, 4, 7, 9, 10

3.9B Answers
1 estoy harta de fumar
2 lo que más asco me da
3 empecé a fumar cuando tenía trece años
4 me indigna no ser capaz de controlar

5 me da la sensación de que no sería capaz de

6 me pone histérica

7 incluso hay días que creo que

3.9 ¿Cómo se dice . . . "c"? Transcript

lo contrario

reconozco que

tengo la sensación de que

mi habitación

nicotina reconcentrada

el cenicero lleno de colillas

se reproducen como moscas

capaz de controlar

ciertos cigarrillos

creo que vuelco mi malestar conmigo misma

3.9C Answers

1 segundo día

2 después de un mes

3 segunda semana

4 segundo día

5 intento inicial

6 segundo día

7 primer fin de semana

8 después de un mes

9 segunda semana

10 primer día

11 primer fin de semana

12 intento inicial

3.9D Answers

1 Hoy no voy a fumar nada, y lo voy a hacer por las bravas.

2 ¿Tan poquito me quiero?

3 Con cada cigarro que no me fumaba le demostraba a los demás que soy capaz de conseguirlo.

4 Fui idiota ayer. ¡Mira que fumarme ese cigarro!

5 ¿Es que no voy a ser capaz de lograrlo?

6 Soy un hacha.

7 Pero, ¿qué tal si hago una pequeña excepción?

8 En algunas ocasiones pienso por qué quiero dejar de fumar.

9 Dicen que hasta que no pase un año no puedes considerarte no fumador.

10 Sin duda alguna ¡ha merecido la pena el esfuerzo!

3.9E Answers

1 estar resuelto/a a . . .

2 sentirse inútil, no valorarse

3 estar seguro/a de sí mismo/a

4 estar desesperado/a

5 desconfiar (de sus posibilidades)

6 estar muy contento/a de sí mismo/a

7 engañarse, equivocarse

8 estar indeciso/a

9 ser realista

10 estar contento/a, ser optimista

3.9 Consolidación Answers

1 Noté una mejoría en mi estado físico.

2 Me sentí muy satisfecha de mi éxito.

3 Descubrí los beneficios económicos.

4 Me enfadé por no ser capaz de resistir la tentación.

5 No dejé de pensar en el tabaco.

6 Creí, tal vez prematuramente, haber ganado la batalla.

7 Volví a las malas costumbres.

8 Experimenté los beneficios a nivel psicológico.

9 Oscilé entre el fumar y el querer dejarlo definitivamente.

10 Encontré más difícil no fumar en casa que en la oficina.

11 Consideré inútil reducir la cantidad de cigarrillos que fumaba – mejor dejarlo definitivamente.

12 Descubrí mi falta de amor propio.

3.10 *El amigo alcohólico*

3.10 Transcript

Pues, el caso que yo conozco es de un amigo de la familia, un amigo de mis padres desde hace muchos años.

Este hombre, pues, cuando tenía unos cincuenta años, aproximadamente, el negocio que tenía se fue a pique, y después de pagar las deudas, pues, le quedó muy poco, la verdad. Sus hijos ya eran mayores, y no tenían demasiados problemas económicos, pero él se sentía ya muy mayor para empezar de nuevo. Entonces empezó a pensar que era un inútil y que su vida no había tenido demasiado sentido.

Empezó tomando un whisky para relajarse, él que prácticamente no había tomado alcohol en su vida; y luego fueron dos o tres whiskys, los que necesitaba para, como él decía, relajarse. Su familia y los amigos, pues lo comprendían porque, dada su situación, dos o tres whiskys tampoco le van a hacer daño a nadie. Pero, poco a poco, estaba muchas horas solo en casa – su mujer trabajaba – y él no buscaba otros alicientes, no intentó tener otras actividades sociales y pues . . . sin darse cuenta, empezó a beber más de la cuenta. La cosa empezó a ser alarmante cuando su mujer, Lucía, se dio cuenta de que, a menudo, él tenía la mente poco clara, o se irritaba fácilmente, estaba deprimido y pasivo todo el día, se le olvidaban las cosas, dormía muchísimo, se pasaba todo el día durmiendo y, bueno, a veces llegaba a casa, y la mujer lo encontraba en un estado, pues un poco, de sopor alcohólico, digamos. Él se engañaba a sí mismo y decía, "yo no estoy borracho, sólo adormecido". Pero, al final, su salud se resintió y los médicos le advirtieron muy seriamente de que o paraba de beber o su salud corría peligro, porque tenía la tensión muy alta y eso le podía causar una embolia cerebral.

3.10A Answers
1 Porque perdió su negocio. Se sentía inútil. Creía que su vida no había servido para nada.
2 Tomando una copa de vez en cuando. Beber whisky le calmaba los nervios y creía que le ayudaría a olvidar su desgracia.
3 Mentalmente, le costaba concentrarse, se volvió muy pasivo, durmiendo la mayor parte del tiempo. Físicamente, contribuía a que tuviera la tensión sanguínea alta y, según los médicos, podría traerle complicaciones muy graves, afectando al corazón.

3.10B Answers
1 después de pagar las deudas
2 tampoco le van a hacer daño
3 empezó a beber más
4 se dio cuenta de que, a menudo, él tenía la mente
5 su salud se resintió y los médicos le advirtieron

3.11 *La Vida es Sueño* (✶)
3.11 Transcript
Es verdad; pues reprimamos
esta fiera condición,
esta furia, esta ambición,
por si alguna vez soñamos;
y sí haremos, pues estamos
en un mundo tan singular,
que el vivir sólo es soñar;
y la experiencia me enseña
que el hombre que vive, sueña
lo que es, hasta despertar.
Sueña el rey que es rey, y vive
con este engaño mandando,
disponiendo y gobernando;
y este aplauso, que recibe
prestado, en el viento escribe,
y en cenizas le convierte
la muerte, ¡desdicha fuerte!
¡Qué hay quien intente reinar,
viendo que ha de despertar
en el sueño de la muerte!
Sueña el rico en su riqueza,
que más cuidados le ofrece;
sueña el pobre que padece
su miseria y su pobreza;
sueña el que a medrar empieza,
sueña el que afana y pretende,
sueña el que agravia y ofende,
y en el mundo, en conclusión,
todos sueñan lo que son,
aunque ninguno lo entiende.
Yo sueño que estoy aquí
de estas prisiones cargado,
y soñé que en otro estado
más lisonjero me vi.
¿Qué es la vida? Un frenesí.
¿Qué es la vida? Una ilusión,
una sombra, una ficción,
y el mayor bien es pequeño;
que toda la vida es sueño,
y los sueños, sueños son.

3.11A Answers
abatido, triste, pensativo, distraído, resignado

3.11B Answers
1b 2c 3b 4a 5b 6c 7c

3.11C Answers
1 soñar 2 verdad 3 estimamos 4 fortuna
5 fingida 6 tampoco 7 ilusión

3.12 *Perspectivas personales* (✶)
3.12A Answers
1A 2A + P 3A + P 4A 5A 6P 7P 8A + P

3.12B Answers
1 una drogata
2 rabiando por un pinchazo
3 pincharse
4 darle al porro
5 un camello
6 la toxicomanía
7 esnifar disolventes
8 la brigada de estupefacientes

3.12C Answers

El estado físico	Las relaciones con los demás	El trabajo	El estado mental y afectivo
deteriora el cuerpo, accidentes en las carreteras, actos de violencia incontrolada, sobredosis mortal	deteriora la vida familiar y las amistades, discusiones familiares violentas	el desempeño en el trabajo, posible desempleo, el ausentismo laboral	el malestar emocional, cambio de personalidad, alucinaciones, deterioro en el juicio, mayor irritabilidad, comporta-miento irracional

3.12D Answers
1c 2g 3a 4e 5b 6h 7d

3.12E Transcript
Entrevistadora Bienvenidos a nuestro programa sobre la droga y los jóvenes. Tenemos hoy en el estudio a nuestro experto, Joaquín Rodríguez...
Joaquín Buenas tardes.

Entrevistadora ...y a Pablo Vallejas, un joven que tiene algo que decir sobre este problema, ¿verdad, Pablo?

Pablo Hola, buenas tardes. Sí, hace tres años yo era drogadicto, pero ahora soy miembro de un grupo de apoyo a jóvenes toxicómanos.

Entrevistadora Bienvenidos a los dos. El tema de la droga nos preocupa a todos, ya que parece que no hay una razón clara que explique por qué algunos individuos consumen drogas y otros no.

Pablo Sí, es verdad. Sin embargo, es evidente para todos que el ambiente social puede desempeñar un papel importante en relación a este problema.

Joaquín Y también el ambiente familiar. El abuso de los analgésicos y otros medicamentos puede provocar una adicción.

Entrevistadora Sí, es cierto que, por ejemplo, los niños pueden ver que ... cuando hay un problema en la familia, sus padres recurren a aspirinas o tranquilizantes. ¿Qué otros factores podríamos decir también que influyen en el consumo de drogas?

Joaquín Otro factor importante es la edad: siendo la adolescencia un momento particularmente crucial en el consumo de drogas, y este hecho se debe a varias razones. Durante este tiempo ocurren varios cambios psicológicos. Es un período en el que se establece el sistema de valores y se desarrolla la independencia. A menudo, es un tiempo de conflictos que suele exteriorizarse en forma de rebeldía.

Entrevistadora ¿Qué opinas tú, Pablo? ¿Estás de acuerdo?

Pablo Sí, creo que sí. Llega un momento en el cual el adolescente quiere separarse de los padres y buscar a grupos de compañeros para obtener apoyo. En un intento de ser como sus amigos o formar parte de un grupo, los adolescentes pueden empezar a tomar drogas.

Joaquín Las estadísticas muestran que hay más consumo entre quienes viven con un grupo de compañeros de la misma edad y no con la propia familia. No hay que olvidar que el consumo de estas drogas ilegales está envuelto en toda una mística y ritual grupal y no tanto individual.

Pablo Sí, es verdad. Este hecho se debe a varias razones, pero la presión del grupo de amigos es muy fuerte. Los que viven solos tienen el riesgo de sentirse aislados, y recurren a las drogas como medio de huir de la soledad.

Entrevistadora Y ¿a qué edad se suele comenzar el consumo de la droga?

Joaquín Bueno, se inicia entre los diez y los doce años, hay un consumo masivo entre los dieciséis y los veinte años, y se inicia un descenso a partir de los veinte años.

Entrevistadora Y ¿hay una diferencia entre el consumo de los chicos y de las chicas?

Pablo A mí, me parece que no. Se da por igual en ambos sexos.

Joaquín Estoy de acuerdo. El hecho de ser hombre o mujer no determina un mayor o menor consumo.

Entrevistadora Y aspectos como el trabajo, o la falta de trabajo ... ¿tienen algo que ver?

Joaquín El consumo de drogas se da por igual entre estudiantes, trabajadores y jóvenes en paro – si bien entre estos últimos las tasas de consumo son proporcionalmente más elevadas.

Pablo Esto ha sido mi experiencia también. La situación de paro que sufren las generaciones más jóvenes, el ocio forzado, favorecen el consumo de drogas.

Entrevistadora Y ¿se podría decir que la tasa creciente de separaciones y divorcios es otro factor?

Joaquín Yo diría que no tanto. Más pertinente es el fracaso escolar que revierte en situaciones personales de marginación, favorece también el ocio y, como consecuencia, el consumo de drogas.

Entrevistadora Algunos médicos dicen que la cantidad de películas en las que aparecen drogas y narcotraficantes anima a que los jóvenes experimenten con drogas. ¿Les parece verdad o no?

Joaquín Creo que sí, aunque no directamente. En realidad es la publicidad en la radio, en la televisión y en las revistas donde se incita el consumo de tóxicos legales como el alcohol o el tabaco. De ahí a la droga no hay nada más que un paso.

3.12E Answers

Not appropriate are the following: **1**b **2**c **3**a **4**b **5**b **6**c **7**a

3.12 Consolidación Answers

1 Empecé a usar drogas (empezar)
2 cuando cayó enfermo mi mejor amigo (caer)
3 se murió (morirse)
4 no sé cómo, ni por qué, comencé a ... (comenzar)
5 pagué un precio muy alto (pagar)

Unidad 4 *Los medios de comunicación*

4.1 *Sé escuchar* (✓)

4.1A Transcript/Answers

Entrevistador ¿Por qué se decide ahora a cambiar de rol y abandonar su papel de confesora televisiva?

Ana La verdad es que **quería** cambiar de

aires. **Llevaba** cinco temporadas con el mismo programa entre Telemadrid, Euskal Telebista y Tele 5 y **estaba** un poco harta. **Buscaba** algo más dinámico. Tele 5 me lo **ofreció**, y yo **acepté**.

Entrevistador ¿El verano es una buena época para iniciar un proyecto televisivo?

Ana Me **imagino** que no. Además, nos **dirigimos** a un público no demasiado mayor que prefiere **estar** tirado en la piscina que viendo la televisión.

Entrevistador ¿No es un poco agobiante **estar** dependiendo siempre de lo que dicen los audímetros y las encuestas?

Ana No ya por la audiencia, que siempre es agobiante, sino porque es la nota que te **ponen** en tu trabajo. Por eso tienes que estar **haciendo** cambios y ver lo que **resulta** y lo que no.

Entrevistador En sus anteriores programas, algunas de las historias que se **contaban** por parte de los invitados **eran** difíciles de creer. **Parecían** imposibles.

Ana Sí, la verdad es que se **demostraba** aquello de que a veces la realidad **llega** a superar la ficción.

Entrevistador Y ¿de dónde **sacaban** esas historias?

Ana El mérito lo **tenía** el equipo de redacción que se **dejaba** los cuernos.

Entrevistador Pero me imagino que su capacidad para buscar temas y personajes **tendría** un límite.

Ana Es que luego **pasaba** algo curioso. Los mismos invitados se **convertían** en colaboradores, y **llamaban** diciendo: ¡Oye, **conozco** a alguien que te puede interesar!

Entrevistador ¿No se **sentía** como una psiquiatra?

Ana Tanto como eso no.

Entrevistador Y ¿por qué sería que la gente le **confiaba** sus problemas?

Ana **Será** porque **sé** escuchar.

4.1B Answers
Mencionadas: 1, 3, 4, 6, 8, 9, 11, 12, 14

4.1C Answers
1 un poco harta
2 una buena época
3 un poco agobiante
4 tienes que estar haciendo cambios
5 por parte de los invitados
6 la realidad llega a superar la ficción
7 se dejaba los cuernos
8 pasaba algo curioso

4.1 Consolidación Answers
1 Cuando tenía once años cada día me **levantaba** a las siete. Me **duchaba** y me **vestía**, y a las siete y media **tomaba** el desayuno. **Salía** de casa a las ocho, y **tomaba**

el autobús a las ocho y diez. El viaje al insti **duraba** unos veinticinco minutos, y **llegaba** a las nueve menos veinticinco. **Pasaba** diez minutos en el patio, donde **charlaba** con mis amigos, luego **entraba** en el aula a las nueve menos cuarto. El profe **pasaba** lista a las nueve menos diez, luego las clases **empezaban** a las nueve. **Había** un recreo a las once, y **tomaba** el almuerzo en el comedor escolar a las doce y veinte. Normalmente **comía** bocadillos y **bebía** un zumo de fruta. **Empezábamos** otra vez a la una y media, y las clases **terminaban** a las tres y media. **Llegaba** a casa otra vez a las cuatro y veinte. **Hacía** mis deberes, **cenaba** a eso de las seis, luego **salía** en pandilla con mis amigos. **Íbamos** al cine, al club de jóvenes o a la bolera. Me **acostaba** a las diez y media, y **veía** un poco de televisión antes de dormir.

2 "Pues, **llegamos** al Parque del Retiro a eso de mediodía. **Descargamos** la camioneta, luego **llevamos** el equipo al escenario. Primero, **instalamos** el sistema de altavoces. **Conectamos** el amplificador con los altavoces, luego yo **monté** los micrófonos. **Enchufé** la guitarra, la **afiné**, luego **hicimos** media hora de ensayo. **Establecimos** que el sonido era bueno, luego **descansamos** un rato. Antes de empezar el concierto, **comimos**. Yo no como mucho. **Comí** un poco de pollo y una ensalada. Y no **bebí** nada más que agua mineral. El café y el alcohol no son buenos para la voz. **Abrieron** las puertas de entrada a las ocho y media, y el público **empezó** a entrar. **Salimos** al escenario a eso de las diez de la noche, y **tocamos** hasta medianoche. Los espectadores **cantaron** y **bailaron**, y el concierto **fue** un éxito tremendo. **Vendimos** muchos discos y camisetas."

4.1 ¿Cómo se dice...? Transcript

Entrevistador	Ana
cambiar de rol	quería cambiar de aires
un poco agobiante	Tele 5 me lo ofreció
dependiendo siempre de lo que dicen las encuestas	prefiere estar tirado en la piscina que viendo la televisión
sus anteriores programas	la audiencia, que siempre es agobiante
las historias ... eran difíciles de creer	tienes que estar haciendo cambios
Parecían imposibles	la realidad llega a superar la ficción
luego pasaba algo curioso	lo tenía el equipo de redacción que se dejaba los cuernos
¿No se sentía como una psiquiatra?	llamaban diciendo: ¡Oye, conozco a alguien...!

4.2 ¿Tele sí? ¿Tele no? (✓)

4.2A Answers
adoran; virtud; se enciende; indeseable;
perjudicial; mejoran; aumentar; no te olvides
de

4.2B Answers
1 niñera electrónica
2 las peleas infantiles
3 unos arquetipos indeseables
4 una herramienta perjudicial
5 la tele tiene algo que ver
6 suprimirla durante unos días
7 el morbo

4.2C Suggested answers
1 Los padres tienen la culpa muchas veces.
2 Los niños dejan de pelearse y de correr por
   la casa.
3 Debemos ofrecer a los niños programas con
   un contenido adecuado a su edad y a su
   capacidad de entendimiento.
4 Los programas que fomentan la violencia, la
   agresividad, o la arrogancia.
5 Deben dedicar tiempo a la tele como a
   cualquier función educativa.
6 Pueden mostrar signos de agitación o
   alteraciones en el sueño.
7 Deben aumentar la supervisión de los
   programas, o aun suprimir la tele durante
   unos días.
8 No deben utilizar la tele como premio o castigo.
9 Porque es ineficaz y hace que la tele parezca
   más importante de lo que es.

4.2 Consolidación Answers
1 puedas 2 aterrice(mos) 3 tenga
4 pongas 5 sepa 6 conozca 7 vaya 8 nos
quedemos 9 hables 10 esté

4.3 Sexo – las cadenas incumplen la ley (✓)

4.3 Transcript
En nuestro país la Ley 25/94 incorpora al
derecho español la directiva de la TV Sin
Fronteras Europea en la que se establece que de
las seis de la mañana a las veintidós horas no
pueden emitirse contenidos que afectan
seriamente a los menores tanto a nivel físico
como moral. Pero la disposición se mueve por
aguas procelosas, porque tal y como asegura
Alejandro Perales, presidente de la Asociación
de Usuarios de Comunicación: "Nadie puede
definir con exactitud los límites de este
seriamente. Además, hace cuatro años las
cadenas de televisión firmaron un Código de
Autorregulación con el Ministerio de Educación
pero, en la práctica, no tiene ninguna
efectividad."

Padres, profesores, psicólogos y pediatras
están de acuerdo: un niño no está
psicológicamente preparado para entender y
asimilar escenas explícitas de sexo, mucho
menos si van acompañadas de violencia. Las
imágenes fuertes entorpecen la educación
sexual de los pequeños y sus contenidos no
contribuyen en forma alguna al sentido de
diversión y educación de la televisión. Si estás
viendo la tele con tus hijos y en el bloque
publicitario aparece de repente un avance de la
película de la noche con escenas de alto
contenido erótico, no te alteres. Recuerda que
tu actitud frente a la pantalla es para los críos
más importante que lo que están viendo.
Explícales, claramente, que esas imágenes no
son adecuadas para ellos, y trata de atraer de
nuevo su atención comentando las incidencias
del programa que estáis viendo. La naturalidad
es la clave.

4.3A Suggested answers
1 De las seis de la mañana a las veintidós
   horas no pueden emitirse contenidos que
   afectan seriamente a los menores tanto a
   nivel físico como moral.
2 Nadie puede definir con exactitud los límites
   de este *seriamente.*
3 Un Código de Autorregulación
4 Cuatro años
5 En la práctica, no tiene ninguna efectividad.
6 Padres, profesores, psicólogos y pediatras
7 Un niño no está psicológicamente preparado
   para entender y asimilar escenas explícitas
   de sexo, mucho menos si van acompañadas
   de violencia.
8 No te alteres. Explícales, claramente, que
   esas imágenes no son adecuadas para ellos, y
   trata de atraer de nuevo su atención
   comentando las incidencias del programa
   que estáis viendo.
9 Tu actitud frente a la pantalla es para los
   críos más importante que lo que están
   viendo.

4.3B Answers
1c 2d 3b 4a 5d

4.3C Answers
1 Falsa – entre las 6 de la mañana y las 22
   horas.
2 Verdadera
3 Verdadera
4 Falsa – hace cuatro años.
5 Falsa – no tiene ninguna efectividad.
6 Verdadera
7 Falsa – tu actitud frente a la pantalla es más
   importante que lo que están viendo.

¡Sigue! 1 Segunda edición

4.4 *Seis reglas inteligentes*

4.4A Transcript

a Pues, yo tengo mi propio televisor en mi dormitorio, y mi hermano también. A mi madre le gusta ver las telenovelas en la cocina mientras prepara la cena.

b Nunca vemos la tele juntos en familia. Odio los documentales: son aburridos, y las comedias ... ¡ni hablar! Prefiero las series policíacas.

c Pues, yo puedo ver lo que me de la gana. Mis padres y yo, nunca hemos hablado de este asunto.

d ¿Se pueden bloquear los canales? ¡No me digas! Nunca he oído hablar de eso. ¿Para qué habría que hacer eso?

e A veces es difícil encontrar algo que valga la pena. Prefiero cambiar a otro canal si no me gusta lo que ponen.

f Encuentro que estudio mejor con el televisor encendido. No me gusta el silencio – no puedo concentrarme. Necesito el ruido para trabajar mejor.

4.4A Answers
a6 **b**4 **c**1 **d**5 **e**3 **f**2

4.4B Answers
instructivos; carentes de; normas; tareas; zapping; brindan; cumplan

4.4C Answers
1 carentes de gusto
2 unas normas claras
3 intenta que no hagan zapping
4 os brindan la oportunidad de reíros juntos
5 las nuevas tecnologías de bloqueo de canales
6 será más fácil que los pequeños cumplan las normas

4.4 Consolidación Answers
1 ¡No hagas zapping!
2 ¡Apaga el televisor mientras haces los deberes!
3 Mira este documental, es interesante.
4 ¡No veas esa película, es muy violenta!
5 No quiero que tengas un televisor en tu dormitorio.
6 No quiero que seas responsable del uso que haces de la televisión.

4.5 *Moros y Cristianos* (✓)

4.5A Answers
1

Debate(s) about...	Date(s)
decriminalising drugs	13.9
alternative medicine	13.12
modern youth having things easy	24.1
sexual discrimination	27.9
religion	20.12/8.11/18.10
dieting	29.11
men and sex	15.11
racism	20.9

4.5B Transcript
La venta de drogas en España está penalizada por la ley. Algunas voces afirman que si la venta se legalizara, disminuiría el número de adictos. Otros piensan que, si el acceso a este tipo de sustancias pudiera hacerse de forma legal, el problema no haría más que empeorar. ¿Terminaría la legalización de la droga con el narcotráfico? ¿O crearíamos una generación de "enganchados"? Y si la legalizamos, ¿dónde debe venderse: en el estanco, en la farmacia...? Para hacer llegar su testimonio, escuche el debate "¿Hay que legalizar las drogas?" el trece de septiembre, y vote por teléfono o por correo electrónico en: http://www.gestmusic.es/myc.htm. El programa "Moros y Cristianos" está producido por Gestmusic Endemol S.A.

4.5B Answers

español	inglés
la venta	sale
penalizada	**penalised**
disminuiría	would decline
empeorar	to worsen
el narcotráfico	**drug trafficking**
enganchados	"hooked" (on drugs)
el estanco	**tobacconist's**
la farmacia	chemist's
legalizar	to legalise
correo electrónico	**e-mail**

¡Sigue! 1 Segunda edición

4.6 *Males ajenos*

4.6A Answers
1 Los problemas íntimos de la gente
2 Porque nos ayudan a olvidar nuestros propios problemas y alimentan nuestra curiosidad.

4.6B Suggested answer
La mayoría de los españoles invierte un promedio de tres horas y cuarto al día viendo la televisión. Los espectadores dedican la mayor parte de este tiempo a los "reality shows", que últimamente han tenido mucho éxito. Estos programas alimentan la necesidad de conocer la vida de los demás y, al interesarnos por sus problemas, nos ayudan a poner nuestra propia vida en un segundo plano.

4.6 Consolidación Answers
1	ha cambiado	5	ha decidido
2	salió	6	se ofreció
3	se han distanciado	7	ha tenido
4	rompieron		

4.7 *La publicidad* (✓)

4.7A Answers
1F 2? 3V 4F 5V 6V 7?

4.7B Transcript
A la cabeza del consumo de los niños están los dibujos animados, las series y los juegos, seguidos por documentales sobre la vida de los animales. Las marcas comerciales, atentas a sus preferencias, utilizan estos programas e incluso toman a sus personajes como imágenes de los productos destinados a ellos: las tortugas Ninja, personajes de Disney, héroes de Hanna Barbera son para los niños "extranjeros íntimos" que les provocan innata simpatía. Por lo general, el objetivo de las marcas son los críos de una edad determinada, sean compradores y consumidores directos (golosinas o juguetes pequeños), compradores pero no consumidores directos (regalos para el día del padre o de la madre) o consumidores pero no compradores (ropa, juguetes, útiles de aseo, congelados, etc). Pasados los doce años, estos personajes y animales son progresivamente reemplazados por artistas y campeones deportivos: cada edad y cada persona tienen sus ídolos.

Los niños mantienen un poder de compra extraordinario y las marcas interesadas no les ignoran: representan el cuarenta por ciento de las compras de la familia. En nosotros está enseñarles a discernir, a no dejarse convencer ni llevar por un consumo exacerbado y explicarles los límites del nivel socioeconómico en que viven. Los impulsos de compra les vienen dados por otros muchos medios y más que protestar debes darles una adecuada formación para el consumo, la administración de un presupuesto y la comprensión del ahorro, o sea, formar consumidores lúcidos. La responsabilidad se ha desplazado. La culpable de todos los males no es la televisión sino nosotros, los padres, los abuelos, los maestros ... Los automóviles han expulsado de las calles a los niños, ya no se puede jugar como antaño a la pelota o al tejo, pero siempre hay, no muy lejos de casa, zonas con césped, pistas de patinaje, skate o velódromos, donde los pequeños pueden jugar a sus anchas, hacer ejercicio físico y relacionarse con otros chicos de su edad. Es un tiempo que hay que dedicarles, pero el esfuerzo merece la pena. ¿Le has propuesto a tu hijo, por ejemplo, visitar un museo, hacer una excursión o jugar al *Risk*? Seguro que acepta encantado y apaga inmediatamente la televisión. Pero, claro, tú tienes que molestarte. Y no olvides que todos los televisores tienen un interruptor, y que gane el mejor.

4.7B Answers
1 los dibujos animados, las series, los juegos, los documentales sobre la vida de los animales
2 las tortugas Ninja, los personajes de Disney, los héroes de Hanna Barbera
3 los consumidores directos, los compradores pero no consumidores, los consumidores pero no compradores
4 artistas y campeones deportivos
5 40
6 una adecuada formación para el consumo, la administración de un presupuesto, la comprensión del ahorro
7 los padres, los abuelos, los maestros
8 la pelota, el tejo
9 las zonas con césped, las pistas de patinaje, de skate y los velódromos
10 jugar a sus anchas, hacer ejercicio físico, relacionarse con chicos de su edad
11 visitar un museo, hacer una excursión, jugar al *Risk*
12 un interruptor

4.7C Transcript
Anuncio a
A Buenos días. Es mi primer día en el gimnasio y quisiera una tabla de ejercicios personalizada.
B ¡Fantástico! Dígame, ¿qué zona muscular le interesa trabajar?
A Básicamente el pie derecho.
Golf GTI, 150 caballos, ¡pregúntale a tu pie derecho!
Automóviles Sánchez, La Grela, c/Galileo 12–14, detrás del mercado de frutas.

¡Sigue! 1 Segunda edición

Anuncio b

Ven a ver el Chrysler Voyager y disfruta del mágico mundo de Tarzán de Walt Disney Jeep. Te llevarás una fantástica sorpresa. ¡Ahora Chrysler Voyager suena de película!

Anuncio c

Te ofrece una sensacional oportunidad. ¡Aprovéchala! Liquidación total de vehículos de demostración y kilómetro cero. Unidades limitadas desde 1.100.000 ptas. Aprovéchate ahora en el Opel "Motor Coruña", calle Pasteur 11, Polígono La Grela. Abierto sábados todo el día.

Anuncio d

Si quieres olvidar tus problemas de caída de cabello, tenemos la solución en el centro "Capilari" ... A tu edad no deberías preocuparte por las entradas porque ahora te financiamos un Clio con una entrada del mismo valor que las cuotas y con doble airbag, o con dirección asistida, y con faros de doble ... Clio World Wide ... ven a verlo a Renault Caeiro concesionario, Avenida de las Jubias, Casablanca, La Coruña.

4.7C Suggested answers

1 **a** hombres de 25–35 años
   b familias con niños pequeños
   c todos los que quieren ahorrar dinero
   d hombres más viejos
2 **a** Ocurre en un gimnasio.
   b Quiere ejercitar su pie derecho.
   c Es el Chrysler Voyager.
   d Se encuentran en la calle Pasteur.
   e Sí, se puede comprar el sábado.
   f Tiene doble airbag o dirección asistida y faros de doble.

4.7D Answers

1 1d 2c 3e 4a

4.7E Transcript

Anuncio a

Hombre He convencido a Pérez de que venga en Nochevieja. Pero con lo cortado que es hay que hacerle sentirse como en su casa.

Mujer Yo me ocupo de que esté cómodo.

[Desde el 28 de noviembre al 7 de diciembre Alcampo reúne en Navidades a todo el mundo. Zapatillas de casa caballero, señora o niño, dos pares por 1.395 pesetas.]

Hombre Muy buena idea, lo de las zapatillas.

Mujer ¡Vale! Lleva un mes aquí pero está cómodo, ¿no?

Anuncio b

Mobilar ... Mobilar ... Mes del salón-comedor en Mobilar. Una gran variedad en sofás, tresillos, comedores, aparadores, librerías. La ocasión perfecta para poner al día el salón. En Mobilar tenemos seis plantas para llenar su casa de ideas para que usted las combine a su gusto y estilo. Mobilar tiene más de cuarenta años de experiencia decorando hogares. La Torre III, esquina Plaza de España. Abierto sábados tarde. Seis plantas con ideas.

Anuncio c

¡Gran liquidación por cierre! Sí, en Sofía Casanova 4 y 6 liquidamos todas nuestras existencias. Muebles de todos los estilos con hasta el 50% de descuento. ¡Vamos! ¡Apresúrate! ¡Ven a Muebles Arumé! Sofía Casanova 4 y 6, zona Los Mallos.

Anuncio d

En la gran feria de la piel y tapizados de Mercamueble, confort y precio ¡protagonistas! Los tresillos y los sofás lucen pieles de auténtica calidad y tapicerías llenas de imaginación, elegancia y colorido. Los sofás-cama aportan prácticas soluciones por encantos. Los sillones invitan al relax y los precios tienen el comodísimo respaldo de Mercamueble, 25% de descuento más 25 meses sin intereses y pague desde 2.000 pesetas por mes. ¡Venga a Mercamueble y aprovéchese! En La Coruña, Avenida de Finisterre, número 293.

4.7E Answers

1 el sábado
2 seis
3 dos pares de zapatillas por 1.395 pesetas
4 hasta el 50% de descuento
5 25% de descuento más 25 meses sin intereses

4.7 Consolidación (perfect, pluperfect) Answers

1 has cerrado; he cerrado; has apagado; he apagado; Has cogido; he cogido; Has dado; he dado; Has cambiado; he cambiado; Has vaciado; he vaciado; Has puesto; he dejado; has dejado
2 había ocurrido; había sonado; había invitado; Había salido; había tomado; Habían cenado; habían comido; habían bebido; había ofrecido; se había dado cuenta; había perdido; había vuelto; había comprado; se había acordado; había lavado; Había abierto; había puesto.

4.7 Consolidación (present subjunctive) Answers

1 He convencido a Ana de que venga al cine con nosotros.
2 ¡Él me convenció de que comprara ese juego!
3 Ningún anuncio me convencerá de que cambie de opinión.
4 Yo me ocupo de que esté bien.
5 Se ocupa de que se termine el trabajo.
6 Nos ocupamos de que llegue bien a casa.

4.8 *Los medios – ¿qué opinan los españoles?* (✓)

4.8A Transcript

Nuria ¿Podrías comparar un poco la prensa escrita en España con, por ejemplo, la prensa en Inglaterra?

José Bueno, sí, la, la prensa es bastante diferente: el tipo de público al que se dirige y el tipo de, mmm, de temas que se tratan, la calidad ... Hay muchas, hay mucha diferencia entre las dos, realmente. Por ejemplo, en, en España, la, la prensa de tabloides no, no existe. Es el tipo de periódicos más relacionados con lo que sería aquí el *Guardian*, el *Independent*, el tipo de prensa que se hace en España. No, no porque tengan ese tamaño, que no son tan, tamaño, de tamaño tan grande pero el tipo de, de temas que trata son un poco más serios y más, eh, con una orientación política más ... más clara también. Eh, prensa tabloide, por ejemplo, se intentó sacar un periódico en España hace tiempo pero no tuvo ningún éxito y se abandonó. Y prácticamente está más cubierto ese tema por, por la prensa del corazón que es lo que, lo que denomina a ... también hay programas en la televisión, radio ahora pero fundamentalmente en revistas: las *glossy magazines* que llaman aquí, que son revistas que no son diarias, son semanales o quincenales y que cubren ese tema. Y luego, del tipo tabloide, del tamaño, lo único parecido que hay son periódicos deportivos. Que aquí parece que no hay periódicos específicamente deportivos. Y, por ejemplo, hay varios, el, el *Marca*, que es el más vendido, en el que se tratan todos los deportes, fundamentalmente fútbol, pero se tratan todos. Y luego hay otros periódicos como el *Sport* en Cataluña o el *As* también, pero el resto son periódicos como *El País*, el *ABC*, el *Diario 16*, *El Mundo*, de una orientación más política, que cubre también, tanto la izquierda, como la derecha, un poco el centro. Quizás la ... la diferencia más, más clara, más fácil de ver.

Llorenç Sí, porque además en, en Inglaterra, los periódicos no tienen tanta variación de ideología política como pueda haber en España. Y, a parte, el contenido de los periódicos españoles es mucho más amplio, y mucho más denso que el que puedas encontrar en periódicos ingleses como el *Guardian* o el *Times*. Y una, un, una ventaja favorable para los periódicos españoles es el tamaño, que es mucho más manejable y más fácil de leer cuando vas en el autobús o en el tren.

Nuria Yo lo que sí he notado es que, por ejemplo, en los periódicos españoles, eh, la sección de internacional es muchísimo más extensa. Los, las noticias eh, no sólo se publica la noticia, la información en sí sobre lo que ha pasado, sino que también se hace evaluación sobre lo que ha pasado, interpretación sobre lo que ha pasado. Mientras que aquí se limitan un poco más simplemente a redactar la, la información, los datos, pero no analizan tanto y se, yo creo que, en los periódicos españoles además, aparece información de prácticamente casi todos los lugares, mientras que aquí está muy centrada en las zonas que son de interés muy directo para la gente inglesa. Sin embargo, en España, yo creo que intentan abarcar prácticamente todos los continentes y todas las zonas más...

4.8A Answers

1 La prensa escrita en España no se parece mucho a la de Inglaterra.
2 En España no existe una prensa de tabloides.
4 Los periódicos españoles tratan de temas muy serios.
5 Los periódicos españoles tienen una orientación política muy clara.
8 Del tipo tabloide, lo único que existe es el periódico sobre deportes.
9 El periódico de deporte más vendido se llama *Marca*.
12 En un periódico español aparece información de casi todos los lugares.

4.8B Transcript

Nuria Y, ¿qué medio de información preferís para noticias para deportes? ¿La radio, la televisión?

Blanca Pues yo personalmente para las noticias prefiero la televisión. Me parece que es más visual y, como soy un poco vaga, me lo dan ya todo hecho. No tengo que hacer ningún esfuerzo. Eh, y ¿tú qué piensas?

Maribel Pues sí, estoy de acuerdo contigo. A mí sobre todo el Telediario me gusta verlo mucho pues en la tele. Prefiero la tele antes que la radio, para las noticias.

Blanca Sin embargo, por ejemplo mi madre, mi madre, que es ama de casa, prefiere la radio porque puede estar haciendo otros quehaceres domésticos mientras escucha las noticias o incluso los deportes.

Maribel Sí, sí, a mi madre también le pasa. Y se suele haber pues programas de radio muy entretenidos para amas de casa, por las mañanas.

Blanca Sí, sí, y, bueno, incluso, no sé ... mis hermanos, que escuchan la radio, lo que escuchan es, por ejemplo, Los 40 Principales.

Maribel La mía está, vamos, todo el día pegada a la radio con esas canciones.

Blanca Sí, sí, sí, sí.

Maribel Vamos, todo el día con la radio puesta. Sí, sí.

Blanca Yo, la radio, en realidad sólo la escucho en el coche cuando voy a trabajar.

Pero si no, como he dicho antes, prefiero la televisión. Me siento en el sofá y no tengo que hacer nada, sólo mirar la televisión.

Maribel A mí la radio me gusta sobre todo antes de acostarme. La pongo un rato y, como hay estos programas en los que te cuentan un cuento o, y te ponen música un poco relajada, yo creo que a mí me ayuda muchísimo a la hora de quedarme dormida.

Blanca Sí, sí. ¡Ah! Muy bien. Y la prensa, ¿tú tienes tendencia a leer periódicos?

Maribel Sobre todo el fin de semana.

Blanca Sí, exacto; el domingo.

Maribel Cuando tienes tiempo, ¿no?

Blanca Sí, sí, sí.

Maribel Yte trae, pues, el especial dominical, y te pones a leer el horóscopo, y bueno, pues... Sí, sobre todo el fin de semana es cuando la leo.

Blanca Sí, sí. La verdad es que entre... entre semana, no, yo no tengo mucho tiempo para leer periódicos.

Maribel Sí. A mí me pasa lo mismo.

Blanca Por eso prefiero la televisión. O estoy demasiado cansada. Entonces el fin de semana, sí, como dices tú, el domingo sí: el dominical. Sí, sí, prefiero el periódico.

Maribel Sí, yo estoy de acuerdo contigo. Es lo que decías, que la tele te sientas, y es simplemente pues, eso, estar sentada allí y escuchar. En cambio, pues, a la hora de coger un periódico tienes que prestar un poco más de atención a lo que estás leyendo, y, como que tienes que pensar un poco más.

Blanca Exacto, exacto.

Maribel O sea que estamos de acuerdo.

Blanca ¡Sí!

4.8B Answers

1 Porque es más visual, y no tiene que hacer esfuerzo.
2 Porque puede estar haciendo quehaceres domésticos mientras escucha las noticias.
3 Los 40 Principales.
4 La escucha en el coche cuando va a trabajar.
5 Antes de acostarse, porque la ayuda a relajarse.
6 Los fines de semana, sobre todo los domingos.
7 Con un periódico tienes que prestar un poco más de atención.

4.8C Answers

1 negativo 2 positivo 3 negativo 4 negativo
5 positivo 6 positivo 7 positivo 8 negativo
9 positivo

4.8D Transcript

Llorenç Sí, pero yo tengo una cosa clara: si un producto, el anuncio es sexista o discrimina a alguna clase social o alguna raza yo, directamente no compro ese producto.

Blanca Sí, claro, tienes razón, pero en realidad, si te fijas, la mayoría de los anuncios en la televisión son bastante sexistas, ¿no pensáis?

José Sí, sí. Yo creo que además la publicidad se basa en eso, en utilizar los clichés y, y los tópicos y, y además creo que... que se ve claramente en cada país. Los valores que tiene ese país se ven muy claros en la publicidad porque la publicidad está dirigida a un público muy particular. Entonces si tú eres, si tú estás en contra del, del sexismo, del machismo, pues esos... productos probablemente no vayan dirigidos a ti. Irán dirigidos a gente que es machista.

Blanca Pero, no sé, si te fijas, por ejemplo, en los anuncios de coches siempre hay una mujer muy sexy conduciendo el coche y, no sé, yo lo encuentro que es bastante sexista, que tienen que utilizar a una mujer para anunciar un producto que puede ser para un hombre o para una mujer.

José Sí. En, en teoría sí es así, pero en la práctica si lo utilizan, imagino que será porque, porque sigue funcionando y, de todas maneras, yo creo que la mayor parte de... de conductores son hombres. Pero ahora creo que porque la mujer conduce más imagino que eso irá también cambiando. Y, de todas maneras, yo creo que siempre sale bastante claro: los coches más caros, los coches que... que normalmente conducen los hombres que les gusta tener un motor potente etcétera, siempre salen modelos de mujeres. Aunque también eso está cambiando porque ahora se ven que los... que los anuncios de coches tienen mucha más calidad y hacen muchos más efectos especiales, que atraen a todo tipo de población, no sólo a los hombres. Pero sí, sí tienes razón que es, que ocurre, más probablemente en anuncios de coches que en otro tipo. De la misma manera que cuando, cuando tienen anuncios dirigidos a... a las amas de casa, que en general son mujeres, son anuncios de una calidad ínfima.

Blanca Sí, sí, tienes razón, sí.

José Pero siguen haciéndolos porque el público al que está dirigido ese anuncio parece receptivo a ello y lo compra, con lo cual...

Blanca Sí, sí, sí.

José Es la función de la publicidad.

Blanca Los anuncios de detergentes, por ejemplo. Sí, sí. Tienes muchísima razón.

4.8D Answers

1F 2V 3NSS 4V 5NSS 6V 7F 8F

4.8E Transcript

Blanca Eh, pero un aspecto negativo es el exceso de la publicidad. No sé vosotros pero yo, en la televisión, lo encuentro un constante bombardeo de, de anuncios, de vender productos...

José Sí...

Blanca ¿Sí?

José Sí. Yo creo que es que hemos llegado a una, a una época en la que hay tantísima publicidad que ya es, ya es como la costumbre. Ya hay tantos que es imposible pararlo.

Blanca Es, bueno ... Yo estoy, en realidad, saturada y, y, lo peor es también este exceso de publicidad dirigida a los niños.

José Sí. Creo que es una manera de, de, de, un límite que no se ha puesto a la publicidad y que quizá habría que pensar en ponerlo porque realmente la publicidad para niños está dirigida a los padres, pero es una manera un poco sucia de, de incitar a los niños a que, que convenzan a sus padres a que les compren cosas.

Blanca Sí, es no jugar limpio.

José Exactamente.

Blanca El niño, en realidad no, no es él que compra.

José Exactamente. No tiene poder adquisitivo, entonces necesita el dinero de sus padres y me parece que es una, una actitud poco ética.

Blanca Sí.

Llorenç Sí. Además en Cataluña, por ejemplo, se manipula mucho a los niños y a los jóvenes con el tema del fútbol. Muchos, muchas compañías que pretenden vender un producto utilizan el fútbol como reclamo para que, para que se venda ese producto regalando camisetas o cromos o vídeos, lo que sea. Y, ahora que hablamos, comparamos anuncios, ¿qué opináis de los anuncios ingleses comparados con los españoles?

Blanca Pues, yo personalmente pienso que los anuncios en Inglaterra son como más profesionales y en, en ... y son más realistas también. Si comparas el típico anuncio de la familia, en España es, es la familia perfecta: los hijos son rubios, con ojos azules; el padre es atlético, la madre tiene una figura perfecta y eso no es la realidad. Cuando ves un anuncio inglés es más, toca de pies a tierra.

José Sí, sí, bueno, a nivel ... a mí me parece que a nivel tecnológico es un nivel excelente y me parece muy creativo y muy ... experimentan mucho. Y también es una muestra de, de la influencia que la publicidad tiene y del dinero que se invierte en ella, porque hace poco vino en los periódicos la cantidad de dinero que este país gasta en publicidad y es, llega, creo que a millones.

Blanca Sí, sí.

José Es tremenda. En, en España, sí, no, no se ha llegado a ese nivel pero, yo en los últimos dos años he visto que sí, que, que el nivel va subiendo bastante. Algún programa incluso de edición de vídeo, que se ha creado en España, que está empezando a tener éxito y me parece que, que va, que va cambiando pero

Blanca Sí, sí.

evidentemente la cultura audiovisual es diferente. Y quizá, sí, no sean tan realistas; es otro, otra manera de enfocar también la publicidad. Aquí es muy, muy activa, muy rápida, muy chocante. El sonido se utiliza de una manera muy, muy inteligente y la música.

Blanca Tengo entendido que, aquí, los que producen los, los anuncios, en realidad son directores de, de cine.

José Sí. O, o publicistas que han empezado haciendo anuncios y han acabado dirigiendo cine como el, el director de, de *Blade Runner*, Ridley Scott. Tiene su, su propia casa de publicidad y con su hermano llevaban muchos años trabajando en publicidad y siguen haciéndolo.

Llorenç O sea que, en conclusión, ¿creéis que los anuncios ingleses tienen más calidad que los españoles?

José Sí, sí.

Blanca Sí, sí.

José Sí. Es un mundo mucho más amplio que tiene mucho dinero y que, que tiene mucha creatividad. Sí.

4.8E Answers
1 exceso **2** bombardeo **3** saturada **4** límite
5 dirigida; sucia **6** convenzan; compren
7 manipula **8** reclamo; venda
9 profesionales; realistas **10** creativo; muestra;
influencia **11** invierte **12** enfocar

4.9 *Impacto TV* (✓)
4.9A Answers
1 V
2 F – son los presentadores/la imagen es la protagonista.
3 V
4 F – hay trozos también de la cadena española *Antena 3* y de videoaficionados españoles.
5 V

4.9B Suggested answer
From the assassination of Kennedy to the explosion of Challenger, by way of the rescue of those stranded by a flood, the origin of the material which makes up *Impacto TV* is as varied as it could be. To begin with, the programme's content will basically come from television items or American production companies, from the documentary archive of Antena 3 and from Spanish amateur video enthusiasts.

4.9C Answers
1 el rescate
2 el asesinato
3 la imagen
4 gratificará
5 el archivo documental

6 grabaciones de carácter noticioso
7 recogerá el material en su domicilio
8 el formulario
9 norteamericanos
10 videoaficionados

4.9 Consolidación Answers
1 Los haré mañana.
2 Me la plancharé mañana.
3 Las doblaré mañana.
4 Los llevaré a la cocina mañana.
5 La pasaré mañana.
6 La sacaré mañana.
7 Lo quitaré mañana.
8 La recogeré mañana.
9 Los pondré en el cajón mañana.
10 Las limpiaré mañana.

4.9 ¿Cómo se dice . . . "g", "j"? Transcript
los dibujos animados, las series y los juegos
seguidos por documentales
toman a sus personajes como imagen
las tortugas Ninja, personajes de Disney
"extranjeros íntimos"
Por lo general, el objetivo de las marcas . . .
golosinas o juguetes pequeños
no dejarse convencer
no se puede jugar . . . al tejo
hacer ejercicio físico
tu hijo, por ejemplo
y que gane el mejor

4.10 *Televisión por cable* (✳)
4.10A Answers
1 ilimitada 2 disponible 3 telecompra 4 un
hogar 5 inmediata y a corto plazo 6 abonados
7 programación 8 pago por programa

4.10B Suggested answer
Which services can be offered?
All homes connected to the Seville Cable
Systems network have access immediately or in
the near future to the following services:

- Cable television: this is the first service available
  which allows its subscribers to select the desired
  programmes 24 hours a day, from the following
  thematic areas: cinema, sport, documentaries,
  children's programmes, news, general
  entertainment and international channels. This
  service will be followed by others, such as films
  'à la carte', pay-per-view, etc.
- Telephone services: digital telephone services as
  an alternative to those offered by Telefónica, S.A.
- Teleshopping
- Home banking
- Access to the internet (high speed) and other
  databases
- 'Intelligent homes': security services, book-
  keeping, etc.

4.10D Answers

español	inglés
es vergonzoso que. . .	it's disgraceful that. . .
no estoy ni a favor ni en contra de. . .	I'm neither for nor against. . .
me parece lógico que. . .	it seems logical to me that. . .
la sociedad no puede soportar. . .	society cannot bear. . .
es intolerable que. . .	it's intolerable that. . .
a mi modo de ver. . .	in my view. . .
ésta no es una opinión que yo comparto	this is not an opinion I share
me preocupa que. . .	it worries me that. . .
eso sería demasiado optimista	that would be too optimistic
parece mentira que. . .	it seems incredible that
es inútil. . .	it's pointless. . .
mucha gente piensa que. . .	many people think that. . .
uno debe ponerse en contra de. . .	one has to object to. . .
estoy a favor de. . .	I'm in favour of. . .
estoy en contra de. . .	I'm against. . .
(no) me sorprende que. . .	it doesn't surprise/surprises me that. . .
en mi opinión. . .	in my opinion. . .
a nadie le importa si. . .	nobody cares if. . .
es lamentable que. . .	it's regrettable that. . .
es difícil de imaginar que. . .	it's difficult to imagine that. . .

4.11 *El teléfono móvil*
4.11A Answers
1 realizado
2 sueco
3 teléfonos celulares
4 padecer
5 los fabricantes
6 rechazan
7 poco fiables
8 imprecisiones estadísticas

4.12 *La radio hoy en día* (✓)
4.12A Answers
1 F – la radio es muy importante para los
  españoles.
2 V
3 F – se emite los fines de semana.
4 V
6 F – al menos dos generaciones han crecido
  escuchando las radionovelas.

Unidad 5 *Un viaje por España*

5.1 *Estereotipos* (✓)

5.1A Answers

Región/ciudad	un hombre es . . .	una mujer es . . .	los hombres son . . .	las mujeres son . . .
Madrid	madrileño	madrileña	madrileños	madrileñas
Galicia	gallego	gallega	gallegos	gallegas
Andalucía	andaluz	andaluza	andaluces	andaluzas
Cataluña	catalán	catalana	catalanes	catalanas
Aragón	aragonés	aragonesa	aragoneses	aragonesas
Castilla	castellano	castellana	castellanos	castellanas
País Vasco	vasco	vasca	vascos	vascas

5.1B Answers
1   a   Andalucía: alegres, graciosos, juerguistas, charlatanes, hospitalarios, poco trabajadores
    b   Cataluña: independientes, orgullosos, emprendedores, cerrados, tacaños
    c   País Vasco: separatistas, nobles, generosos, amantes de su tierra
    d   Galicia: amantes de su tierra, cerrados, desconfiados, cariñosos, sencillos
    e   Madrid: chulos, abiertos, orgullosos, hospitalarios, alegres

5.1 Consolidación Answers
1   difíciles
2   inteligente, capaz
3   nobles, generosos, separatistas
4   independiente, orgullosa
5   andaluces, alegres, emprendedores, entusiastas
6   apasionada, efusiva, amante
7   griega, originaria, egipcios
8   demasiados, obesos, saludables

5.2 *El norte y el sur* (✓)

5.2 Transcript
Primera parte: El clima y el aspecto turístico
Helena   Estamos escribiendo un suplemento de turismo para la revista dominical del periódico *El País* y nos gustaría saber, si tuviérais que elegir entre el norte y el sur de España para pasar las vacaciones, cuál elegiríais y por qué. Pilar, ¿te gustaría comenzar?
Pilar   Bueno, yo elegiría ir al sur de España, fundamentalmente porque me gusta más el clima que hay en el sur. Hace calor, probablemente no va a llover y así voy a asegurar mis vacaciones con buen tiempo.

Pero ya sé que Rosa no está de acuerdo conmigo...
Rosa   Sí, yo elegiría el norte, porque me parece que tiene un clima mucho más variado. Tiene días de sol, de lluvia y, además, me gusta muchísimo más el paisaje, es mucho más verde, hay montañas, las playas son mejores.
Jesús   Yo también elegiría el sur, porque no puedes arriesgarte a que el clima te estropee las vacaciones y es mucho más seguro ir al sur.
Helena   Y en el aspecto turístico, ¿cuáles son algunos de los aspectos de cada región que resultan más atractivos para el viajero? Pilar...
Pilar   Yo elegiría ir al sur, principalmente porque me encanta la luz de Andalucía. Es una luz brillante, luminosa, el paisaje coincide con la estética del lugar que elijo para pasar mis vacaciones. Fundamentalmente, la luz. La luz del sur es fantástica, ¿no te parece, Rosa?
Rosa   A mí me gusta la luz del norte. Creo que es uno de los pocos sitios donde se puede ver el verde de las montañas reflejado en el mar. Además, prefiero el norte porque creo que se ha conservado todo lo autóctono, queda la vida del pueblo.
Jesús   Y también se puede destacar el Camino de Santiago, sus monumentos ... aunque en el sur hay otros como la Giralda. Pero si te gustan las playas, como a Pilar...
Pilar   ¡Qué bien me conoces! En el sur, naturalmente, las playas me llaman mucho la atención. Prefiero el Mediterráneo, que es más tranquilo, el agua está más calentita, es más seguro que el mar del norte.
Rosa   A mí las playas del sur no me gustan nada. El agua está demasiado caliente y a mí me gusta que el agua esté fría, que notes el contraste entre el calor que hace fuera y el agua y que te refresque.

    ¡Sigue! 1 Segunda edición   © JOHN MURRAY

Jesús Además, en el norte puedes elegir entre la playa o la montaña y los diferentes climas.

Segunda parte: La gente

Helena ¿Creéis que hay una diferencia real entre la gente del norte y del sur? ¿No es solamente un estereotipo creado? Pilar, ¿qué diferentes valores o actitudes ante la vida existen en el norte y en el sur?

Pilar Creo que hay estereotipos, pero es un poco peligroso hablar de estereotipos en España. Creo que hay un estereotipo con respecto al sur: que son gente más abierta, más juerguista, más espontánea, pero también la gente del norte es muy abierta. Quizás el hecho de elegir el sur de España es fundamentalmente por motivos de clima y este factor también influye en el carácter de la gente. Pasan más tiempo fuera de sus casas, es una vida más social, en las calles...

Helena Y Rosa, ¿qué piensas tú?

Rosa Yo creo que la gente del norte es más agradable, tiene una cultura del trabajo mucho más interesante, tiene un concepto de la amistad mucho más sincero. Creo que la gente en el sur es muy exagerada, mientras que la gente del norte es más recatada, pero mucho más sincera.

Pilar Yo creo que la gente del sur es más pasional. Esto tiene que ver mucho con las manifestaciones artísticas, el folklore, que, aunque es un tópico que exporta España, es un hecho.

Jesús Yo no creo que exista tanta diferencia, ni que puedan crearse esos estereotipos. Puede haber diferencias debido al clima, las tradiciones, a las diversiones, pero no hay una diferenciación tan radical.

Tercera parte: La gastronomía

Helena Y en aspectos tales como la gastronomía, ¿hay mucha diferencia entre el norte y el sur?

Jesús Creo que sí hay mucha diferencia debido al clima, a la cultura mediterránea que influye quizás más en el sur y, en el norte, la naturaleza o la ganadería, ya que tal vez sea una zona más rica. ¿Estás de acuerdo, Rosa?

Rosa Yo me quedo con la del norte. Me parece que la materia prima es buenísima y que cada autonomía tiene su forma de cocinar, yo me quedo con la del País Vasco, pero en general, creo que es mejor que la del sur.

Helena Pilar, ¿cuál es tu opinión?

Pilar Creo que también en el sur hay muy buena comida: el pescado, los calamares, el gazpacho... La comida en España es muy variada y efectivamente el norte tiene una comida fantástica y el sur también, aunque yo me quedo con la comida del sur, esa idea de tapas, mucho pescado, aunque es verdad que

en el norte también se come un pescado buenísimo. Yo me quedo con la comida del sur por su variedad.

Rosa Hay un marisco y un pescado especial en el norte: los percebes, las nécoras, las rabas, los chipirones... En la pescadería, cuando vas a comprar siempre te dicen lo que es autóctono o del Mediterráneo. Y lo del Mediterráneo es mucho más barato, lo que quiere decir que lo autóctono es mucho mejor.

Helena ¿Existe una relación entre la gastronomía y los demás aspectos culturales? Pilar...

Pilar Creo que la gastronomía forma parte de la cultura de un modo fundamental. Vivimos y comemos tres veces al día. La cultura de la gastronomía está presente en nuestra vida. Quizás en algunas zonas de España hay una cultura todavía más presente con respecto a la comida, pero creo que es muy difícil decir dónde es mejor o peor. Simplemente, es muy variada en cualquiera de las autonomías.

Rosa Yo creo que existe una cultura autóctona del norte en cuanto a la gastronomía. La comida es algo totalmente esencial y tiene que ver con el trabajo, los grandes pactos comerciales se firman con una comida, y con el afecto, toda la familia se reúne alrededor de la comida. La comida es básica en las relaciones sociales.

5.2B Answers
1 Si tuviérais que elegir entre...
2 Yo también elegiría... porque no puedes arriesgarte a que...
3 Además, prefiero el norte...
4 También se puede destacar...
5 ...me llaman mucho la atención
6 A mí las playas del sur no me gustan nada.
7 Es un poco peligroso hablar de estereotipos.
8 Con respecto a...
9 Quizás el hecho de elegir el sur...
10 Me quedo con...

5.2C Answers
1 Rosa 2 Jesús 3 Rosa 4 Pilar 5 Rosa
6 Pilar 7 Pilar 8 Pilar

5.2 Consolidación Answers
1 esté 2 sea 3 llueva 4 se retrase
5 cancelen 6 sean 7 sirvan

5.3 *Cantabria: ríos y montañas* (✓)

5.3A Answers
cordillera – mountain range
altura – height
relieve – relief
collados – hills
desembocando – flowing out

estuarios – estuaries
bahías – bays
se extiende al – extends as far as
comarcas – regions
tierras meseteñas – plateaus
lindos valles – pleasant valleys
embalsado – dammed, collected
caudal – flow, level
valles fluviales – river valleys
orientados de sur a norte – running from south to north
litoral – coast
espectaculares formaciones de acantilados – spectacular cliff formations
ríos y regatos acaban su recorrido – rivers and other waterways finish their journey
una peculiar geografía costera – a peculiar coastal geography
se suceden en la costa – follow each other along the coast

5.3B Answers
1a 2b 3b 4a 5a 6b 7a

5.4 *Santillana del Mar – ciudad medieval* (✻)

5.4 Transcript
Al entrar en Santillana parece que se sale del mundo. Es aquella una entrada que dice: "No entres". El camino mismo, al ver de cerca la principal calle de la antiquísima villa, tuerce a la izquierda y se escurre por junto a las tapias del palacio de Casa-Mena, marchando en busca de los alegres caseríos de Alfoz de Lloredo. El telégrafo, que ha venido desde Torrelavega en busca de lugares animados y vividores, desde el momento que acierta a ver las calles de Santillana da también media vuelta y se va por donde fue el camino. Locomotoras nunca se vieron ni oyeron en aquellos sitios encantados. El mar, que es el mejor y más generoso amigo de la hermosa Cantabria, a quien da por tributo deliciosa frescura y fácil camino para el comercio; el mar de quien Santillana toma su apellido, como la esposa recibe el del esposo, no se digna mirarla ni tampoco dejarse ver de ella. Jamás ha pensado hacerle el obsequio de un puertecillo, que en otras partes tanto prodiga; y si por misericordia le concede la playa de Ubiarco, las aviesas colinas que mantienen tierra adentro a la desgraciada villa no le permiten hacer uso de aquel mezquino desahogo. Contra Santillana se conjura todo: los cerros que la aplastan, las nubes que la mojan, el mar que la desprecia, los senderos que de ella huyen, el telégrafo que la mira y pasa, el comercio que no la conoce, la moda que nunca se ha dignado a dirigirle su graciosa sonrisa. El viajero no ve a Santillana sino cuando está en ella. Desde el momento que sale la pierde de vista. No puede concebirse un pueblo más arrinconado, más distante de las ordinarias rutas de la vida comercial y activa. Todo lugar de mediana importancia sirve de paso a otros, y la calle Real de los pueblos más solitarios se ve casi diariamente recorrida por ruidosos vehículos que transportan viajeros, que los matan si es preciso, pero que al fin y al cabo los llevan. Por la calle central de Santillana no se va a ninguna parte más que a ella misma. Nadie podrá decir: "He visto a Santillana de paso." Para verla es preciso visitarla.

5.4A Answers
1a 2b 3c 4b 5a 6b 7b 8b

5.4 Consolidación Answers
1 Nunca/Jamás veían la televisión.
2 En esta librería no se puede tomar un café y tampoco leer los periódicos.
3 No puedo imaginarme una playa más hermosa.
4 Nadie va a reconocerte.
5 Nunca compro regalos para mis parientes.
6 Nunca me permiten ver a mi abuela en la residencia.
7 Los fines de semana no vamos a ningún sitio.
8 Nunca hay turistas esperando en la taquilla.

5.5 *Santillana del Mar – una visita a la plaza medieval*

5.5A Answers
1c 2d 3a 4b

5.6 *Asturias: un paisaje espectacular* (✓)

5.6A Answers
1e 2c 3d 4a

5.6B Answers
1h 2c 3a 4b 5d 6g 7f 8i 9e

5.6C Answers
1 Asturias era una de las regiones más ricas de la Península.
2 una economía basada en el sector terciario ... la desaparición de las barreras arancelarias y al desarrollo de otras fuentes de energía.
3 la industria y la minería, el sector servicios, la agricultura y la ganadería.
4 la creación de un centro de empresas ... la instalación de pequeñas empresas con expectativas de futuro.
5 es también rural.
6 hay que tomarse el tiempo suficiente para comer y para dormir.

5.6 Consolidación (imperfect subjunctive) Answers
1 Quisiera que me diera información sobre alojamiento en Oviedo.
2 Queríamos que encontraras un hotel que daba al mar.
3 Me dio pena que no pudieras venir a la fiesta.
4 No creo que invertieran suficiente dinero en la renovación del sector.
5 Preferiríamos que fuerais a Asturias de vacaciones y no a Benidorm.
6 Esperaba que hiciera un buen tiempo, pero llovió.
7 Quisiera que me des unos consejos.
8 Querían que les acompañara a Madrid.

5.6 Consolidación (use of *lo*) Answers
1 lo antes posible
2 a lo mejor
3 a lo lejos
4 por lo menos
5 Por lo visto
6 A lo largo de
7 en lo alto de

5.7 *Salamanca: provincia y ciudad* (✓)
5.7A Answers
1k 2a 3b 4c 5d 6g 7i 8e 9f 10h 11j

5.7B Answers
1 La vida cotidiana de esa ciudad depende de la plaza, ya que todos en algún momento del día paran o se paran en ella.
2 En el café Novelty se reúnen la clase universitaria y los intelectuales.
   En las Torres: los comerciantes y constructores
   En el Altamira: oficinistas con visitantes esporádicos
   En el Berysa: los empresarios de servicios
   En los Escudos: los ganaderos y gente del campo
3 Su riqueza se basa en la industria de enseñanza de español a extranjeros, y en los servicios destinados a ellos, junto a otros sectores como la construcción y el campo.
4 Salamanca está situada junto al río Tormes, en el centro de España, y su medio natural es el de piedra bañada por las aguas del río.
5 Tiene una activa vida nocturna, con unos 225 locales que abren al anochecer en el centro, con diferentes ambientes.

5.8 *La ruta del Califato* (✓)
5.8A Answers
1b 2h 3j 4d 5f 6a 7i 8e 9c 10g

5.8B Answers
1d 2a 3c 4e 5f 6b 7h 8g

5.9 *"El turismo de la región es fiel"* (✱)
5.9 Transcript
Entrevistadora ¿El turismo de playa sigue siendo el preferido por los visitantes de Valencia?

Roc Gregori Efectivamente, el turismo de sol y playa continúa siendo el principal patrimonio del turismo valenciano. Su demanda, lejos de estabilizarse, goza de un constante crecimiento gracias a nuestra permanente dedicación a la mejora de este recurso, fundamental en un modelo turístico como el valenciano.

Entrevistadora Ahora se potencia el turismo de interior, ¿cómo está evolucionando?

Roc Gregori El mercado turístico se presenta cada día más competitivo, habida cuenta de la aparición de nuevos destinos y el incremento del nivel de exigencia de la demanda. En este contexto se enmarca la política de diversificación emprendida por la administración turística valenciana, en el que la potenciación del turismo de interior constituye uno de sus pilares básicos. El crecimiento del alojamiento rural en estos dos últimos años cabe considerarlo como extraordinario, con el valor añadido que se ha visto correspondido por un comportamiento de la demanda de similares magnitudes.

Entrevistadora En la última edición de FITUR, una de las novedades era el turismo de congresos y también se daba a conocer los proyectos de La Ciudad de las Artes y de las Ciencias, Terra Mítica, La Ciudad de la Luz y Castellón Cultural. ¿Cómo son?

Roc Gregori Todos ellos se inscriben en la política de diversificación. El objetivo que se pretende alcanzar con estos proyectos es triple. Por un lado, ampliar la oferta de ocio de nuestros turistas, tanto internos como foráneos, y por otro, que se constituyan en sí mismos en polos de atracción de nuevos segmentos de la demanda. Por último se constituyen en el elemento diferenciador del producto turístico valenciano, contribuyendo a elevar su competitividad.

Entrevistadora ¿Cuál es el balance del sector referido al año 1998?

Roc Gregori Extraordinario. La época de bonanza económica nacional, y en los principales mercados emisores hacia la Comunidad Valenciana, junto a la cualificación de nuestro producto turístico han hecho que un año más los resultados hayan superado los ejercicios precedentes. Un dato: las pernoctaciones hoteleras, indicador básico de la actividad de este tipo de alojamiento, se han incrementado en un 5,2% superando ampliamente los 17,6 millones de pernoctaciones.

Entrevistadora ¿Y qué expectativas existen para el presente año?

Roc Gregori Las provisiones son optimistas y esperamos que la trayectoria positiva iniciada continúe manifestándose con la misma firmeza que ha venido haciéndolo hasta ahora. La buena situación económica, ya mencionada, junto a la generalización de la cultura del ocio y la cualificación permanente de nuestra oferta turística, entendida en su más amplia acepción, son argumentos suficientes para avalar estas perspectivas favorables.

Entrevistadora ¿Quién visita la Comunidad Valenciana?

Roc Gregori Eminentemente familias, tanto entre los turistas nacionales como internacionales. Otra característica común a ambos colectivos es el elevado grado de fidelidad a los destinos que demuestran. Los aspectos diferenciadores más significativos los constituyen, por un lado, el medio de transporte que utilizan durante el viaje. Los turistas nacionales recurren mayoritariamente al automóvil, en tanto que los extranjeros usan también otros medios como el avión. Otro punto de divergencia es el referente al tipo de alojamiento. Los nacionales se decantan por la vivienda propia, mientras que los foráneos prefieren la vivienda de alquiler y en el caso de los británicos, el hotel.

Entrevistadora ¿Cuál es la capacidad hotelera de la Comunidad Valenciana?

Roc Gregori El número de plazas ofertadas por el parque hotelero supera las 80.000, de las que algo más de 50.000 se localizan en la provincia de Alicante. El resto se reparte, casi a partes iguales, entre Valencia y Castellón.

Entrevistadora ¿Cómo se distribuye el turismo?

Roc Gregori Como ya he dicho, el turismo de sol y playa es el mayoritario en nuestra comunidad, tanto en los aspectos relativos a la demanda como a la oferta. Sin embargo, los otros productos – interior, congresos, salud, golf, náutico, etc. – se encuentran en pleno desarrollo y año a año van incrementando sus cuotas de participación en la actividad del sector.

5.9A Answers
1b 2b 3b 4b 5a 6a 7a

5.9C Answers
1F 2V 3F 4V 5F 6F 7F 8F

5.10 *Rutas ecoturísticas en Valencia* (✓)
5.10 Transcript

Itinerario en bicicleta "Entre mar y montaña" A lo largo de esta ruta se puede observar un cambio acentuado del paisaje, desde una zona húmeda a una de montaña, pasando por una de barrancos. Durante el paseo descubriréis lugares de gran importancia ecológica como l'Ullal de l'estany, el barranc de Beniopa y la Serra Falconera entre otros. Este recorrido tiene un grado de dificultad mínimo y pueden realizarlo las personas de todas las edades, pero si se desea realizarlo por completo se necesita una preparación previa. Mientras hacéis el trayecto encontraréis lugares de reposo en zonas del Grau, Beniopa y la Ermita de Marxuquera. Durante el recorrido encontraréis carteles colocados estratégicamente que informan de lo que observáis y recorréis: Croquis de itinerarios, el castillo de Bayrén, Beniopa, las Cuevas de la Serra Falconera, la ermita de Marxuquera, el Montdúver y la Serra Grossa. Itinerario de ida y vuelta: 26 km. Duración: 4 horas en bicicleta tranquilamente.

Tavernes de la Valldigna Si es usted deportista, ascienda por la senda de la montaña, visite la font de Bona-vista, la font de Canut y suba a Tres Cruces. Desde allí podrá contemplar el valle con todo su esplendor, y entonces comprenderá sin más explicaciones por qué Jaime II el Justo le dio el nombre de Valldigna en el siglo XVIII. De igual modo, suba usted al puerto esta vez en coche, y vaya a Barx donde encontrará pinares que no imaginaba que nuestro valle tuviese. Pase por Simat y visite la font Gran. En fin, vaya donde quiera y se dará cuenta de que la Valldigna es un valle digno de ser visitado. Este es un buen ejemplo de ruta ecoturística.

Ruta de les Creus Por el sendero PR-V38, ya por senda de montaña que serpentea hacia arriba se llega a les Fontetes de Cantús. El desnivel es notable. El sendero pasa cerca de las ruinas de un castillo (antiguo Castillo de Marinyen). Desde la senda podemos contemplar una situación estratégica y grandiosa. Siguiendo por los senderos nos acercamos a les Fontetes de Cantús. Esta fuente ha estado a punto de desaparecer debido a unos movimientos sísmicos producidos en el año 1989. La mayoría del caudal natural ha cambiado el recorrido y ha vuelto a salir a poco menos de un metro del original. En esta zona encontramos las cuevas de Mossén Ricardo, con grabados rupestres prehistóricos y dos pequeñas cuevas del Abense-Cenomanense. Por esta singular zona encontramos importantes vestigios y señales de la historia de la gente de la Vall y su relación con las montañas. Seguimos nuestro recorrido hacia el este, subiendo hasta un cuello donde cambia el sentido de nuestra marcha hacia el oeste. La senda sube dos lomas con una pendiente moderada. Arriba del llano de les Creus y en un cruce nos desviaremos a la izquierda, hasta llegar a l'Alt de les Creus, punto geodésico de 540 metros de altitud de la comarca de la Valldigna, la costa mediterránea, toda la Albufera valenciana, la costa alicantina y sus principales montañas. El camino continúa por el sendero que atraviesa todo el plano de les Creus y cambia de dirección al oeste por una pendiente moderada. Al fondo podemos ver el plano de la Sangonera, observando la importancia de la zona a través de las construcciones de todo tipo, restos de casas, corrales de animales, pozos de cal, bancales de piedra, etc., que nos hacen revivir un poco épocas pasadas. Continuamos el camino hasta llegar cerca de una casa abandonada, giramos hacia la derecha dejando la pista forestal a la izquierda para llegar a una pequeña planicie donde encontramos un poco escondida la fuente de la Sangonera. En este lugar podremos beber agua clara y fresca y disfrutar de un magnífico paisaje tras el merecido descanso.

5.10B Answers
1 precipicio
2 descanso
3 ruta
4 suba
5 sube en forma de serpiente
6 recuerdos del pasado
7 restos históricos
8 montañas bajas
9 estructuras
10 justamente ganado

5.10D Suggested answer
If you're of an energetic disposition, go up the mountain path, visit the font of Bonavista, the font of Canut and head up to Tres Cruces. From there you can look down on the valley in all its splendour and you'll understand without any further explanation why Jaime II the Just gave it the name of Valldigna in the 13th century. In the same way, but this time by car, go up to the pass and go to Barx, where you'll find pine forests which you would never imagine that this valley had. Go through Simat and visit Font Gran. Finally, head off in whichever direction you like and you'll realise that the Valldigna is indeed a valley worth visiting; this is a good example of an ecotouristic route.

5.11 *El turismo religioso: El Camino de Santiago*(✓)

5.11A Answers
1 un motivo
2 ruta
3 postrarse
4 sumergirse
5 recorrer
6 empaparse
7 por excelencia
8 mejor acondicionada
9 enjoyada
10 el último tramo
11 degustar

5.11B Answers
• ruta de fe/itinerario espiritual/tramo
• monasterio/catedral/románico/plateresco/ reliquias/abadía/templos
• atractivo/cultura/ocio/romería/empaparse de arte e historia
• patrimonio de la humanidad/tumba/castillo

5.11C Answers
1 miles de cristianos han abandonado sus casas para iniciar una ruta de fe
2 Patrimonio de la Humanidad
3 es uno de los grandes itinerarios espirituales y culturales del Occidente
4 importante desde el punto de vista religioso y también cultural y de ocio
5 supone disfrutar de increíbles bellezas naturales, empaparse de arte e historia y compartir con otros peregrinos vivencias irrepetibles
6 "el camino francés"; Somport o Roncesvalles; Puente la Reina
7 las iglesias de San Millán de la Cogolla y Santo Domingo de la Calzada, la catedral de Burgos, el Monasterio de las Huelgas, Frómista…, San Isidro y San Marcos; gótico, románico y plateresco
8 sus calles, plazas y rincones; su excelente cocina; su artesanía

5.11 Consolidación Answers
2 **Iré** a Santiago. **Adoraré** al apóstol y **veré** su tumba. Para ello, **recorreré** su ruta a pie, **visitaré** sus famosas iglesias, castillos y monasterios y **compartiré** con peregrinos de todo el mundo momentos inolvidables. **Comenzaré** en Irún y **atravesaré** el País Vasco. **Llegaremos** hasta Santillana del Mar y luego a Oviedo y Mondoñedo. En la ruta resalta la gran variedad cultural de las regiones y comarcas que **cruzaremos**, **conoceremos** a personas que se destacan por su hospitalidad y **viviremos** experiencias irrepetibles. También **degustaremos** las especialidades culinarias y nos **alojaremos** en los albergues más tradicionales. Al final **llegaremos** a Santiago, **pasearemos** por sus calles y **disfrutaremos** de su atmósfera mágica.

5.12 *Fiesta en Pamplona: los Sanfermines* (✓)

5.12A Suggested answers
Choose from:
feria comercial
fiesta secular/fiesta religiosa
comienzo del verano
San Fermín
patrón
corridas de toros
7 de julio
Sanfermines *txikis*
chupinazo
comparsas de gigantes y cabezudos
gaita/txistu/tamboril
la procesión
las peñas
el encierro

5.12C Answers
1 construyó 2 reyes 3 crearon 4 siguientes
5 seres 6 cartón 7 hora 8 hasta

5.12E Suggested answer
With a history going back more than 400 years, the bull run is the central event of the Festival of San Fermín and also the most dangerous. It takes place each day, at 8 o'clock in the morning, from 7 to 14 July inclusive.

The six bulls which are going to fight in the ring in the afternoon, accompanied by tame bulls or bullocks, run out of the small stockyards of Santo Domingo through the Plaza Consistorial, calles Mercaderes and Estafeta and various alleyways towards the bullpens of the arena, where the spectacle of the young bulls' release will take place later.

The start of the bull run is announced by the bang of a rocket, followed by a second shot when the whole herd has left the pens. Another rocket announces the entrance of all the bulls into the ring and a final shot, at which point Pamplona breathes a sigh of relief, proclaims that the herd of bulls is now in the pens and that the bull run is over.

The gates of the bullring open for spectators at six in the morning and close when it's thought that all the seats have been taken by the audience.

Don't hesitate; get to the Festival of San Fermín!

5.12F Answers
1 comenzar 2 albergue 3 celebrar
4 recorrido 5 nombrar 6 concepción
7 abrir 8 anuncio 9 disparar
10 composición 11 encerrar 12 construcción
13 festejar 14 lidia

5.13 *Fiestas populares* (✱)

5.13B Answers
1 momento propicio
2 toma una dimensión satírica y bufa
3 poniendo en pie todo el ingenio, la algarabía y la pasión que esta celebración ... tiene por norma
4 conserva huellas imborrables
5 nos deja la explosión de luz y color de festejos tales como...
6 la que se lleva la palma en cuanto a clamor popular y belleza
7 otra fiesta religiosa de gran fuste
8 nos deja también fiestas emblemáticas
9 ponen de manifiesto ... la profusión de fiestas
10 tiene ... particularidades dignas de mención

5.13C Answers
Carnavales: Carnaval de Lanz, Villanueva de Jara, Cádiz, Tenerife y Las Palmas
Semana Santa: procesiones de las cofradías y pasos en Sevilla, Valladolid, Zamora, Murcia y Cuenca
Ferias y romerías: Fiesta de primavera de Murcia, Feria de Abril en Sevilla, fiesta de *moros y cristianos* de Alcoy, *la Caballada* de Atienza, *A rapa das bestas* en Galicia, la feria del Rocío en Almonte, Corpus Cristi en Toledo, Camuñas y Berga.
Ritos de verano: La noche de San Juan en San Pedro Manrique (Soria) y los *Caragols* (Ciudadela, Menorca), Sanfermines, Ribarteme, los resucitados de Santa Marta (Galicia)
Fiestas Mayores: La Alberca (Salamanca), Vejer de La Frontera (Cádiz), Toro (Zamora), Ondarroa (Vizcaya), Logroño y Soria.

Unidad 6 *Dossier: las artes españolas*

6.1 *El arte en España* (✓)

6.1A Answers
1 el plateresco
2 Picasso, Dalí, Miró
3 Goya
4 Altamira
5 La catedral de Sevilla
6 Velázquez, Zurbarán, Ribera, Murillo
7 ciudades (Tarragona, Barcelona, Mérida), termas, baños, teatros, circos
8 La Mezquita de Córdoba
9 Gaudí
10 juderías, baños rituales y sinagogas
11 La Giralda, Torre de Oro
12 la estela del Camino de Santiago
13 El Greco, Morales

14 la Alcazaba de Málaga
15 la Alhambra de Granada

The correct chronological order is: 4, 7, 10, 12, 5, 8, 14, 11, 15, 1, 13, 6, 3, 9, 2

6.1B Answers
1c 2e 3g 4b 5d 6j 7a 8h 9f

6.2 *Unas grandes obras* (✓)
6.2A Answers
1d 2b 3a 4c

6.2B Answers
1 El artista se fía más del color
2 el manto color escarlata
3 tirando a quemarropa
4 una intensidad dramática y un tono emotivo
5 una expresión intensa y trágica
6 utiliza al mismo tiempo todas las estratagemas de composición
7 la época del cubismo
8 el punto de vista del espectador

6.2C Transcript
1 Una escena contemporánea y típicamente española. La composición es tradicional – figuras agrupadas equilibradas por los árboles. El enfoque es directo, con posturas y gestos naturales. Esta obra se anticipa al realismo de sus pinturas posteriores.
2 Quizás el artista está expresando sus sentimientos hacia el modelo – el color ácido, la tensión y la postura incómoda crean un ambiente de agitación. El cardinal parece furtivo e incómodo.
3 Este cuadro es del estilo llamado "bodegón", es decir una escena de cocina o taberna con la naturaleza muerta prominente. La mujer joven representa la homóloga moderna de Marta. La representación naturalista de las figuras y los utensilios demuestra la maestría del artista en cuanto a la semejanza.
4 Una obra abiertamente alegórica. Hay un contraste fuerte entre los amantes y la madre demacrada. Hay referencias al suicidio del amigo del artista, el poeta Casagemas. La obra es casi monocroma, como tantas obras del llamado "Período Azul".

6.2C Answers
1b 2d 3c 4a

6.2D Answers
1 contemporánea 2 composición
3 equilibradas 4 enfoque 5 posturas
6 gestos 7 realismo 8 modelo 9 ambiente
10 estilo 11 naturaleza muerta 12 naturalista
13 maestría 14 semejanza 15 alegórica
16 monocroma

6.2 ¿Como se dice. . . ? Answers
contemporánea composición árboles quizás ácido tensión incómoda agitación bodegón homóloga representación maestría alegórica período

6.3 *Pablo Picasso* (✓)
6.3A Answers
1 considera
2 observó
3 es tratado como
4 por medio de la luz
5 cien
6 une
7 donde empezó
8 lo fundamental, los principios
9 no quiere ser nítida, bien trazada
10 Se ven muchas influencias en las obras de Picasso

6.3B Answers
1F 2V 3F 4V 5F 6F

6.3E Transcript
Hola, buenas tardes. Me llamo Ángel Garrido. Les llamo de la Galería Munch para informarles de que va a haber un cambio de horario debido a la estación de verano. El horario de apertura será desde las 8:00 de la mañana hasta las 3:00 de la tarde, en vez de el horario de 9:00 a 1:00 y de 2:00 a 4:00 como tenemos en invierno. Estamos imprimiendo varios pósters que les llegarán el día 26 de abril, entonces, necesitamos saber cuántos van a necesitar. Mi nombre, lo repito, es Ángel Garrido, Galería Munch; y el teléfono es 91 723 4599. Si pueden entrar en contacto conmigo lo antes posible, se lo agradecería. Adiós.

6.3E Answers
• Nombre del comunicante: Ángel Garrido
• Está llamando de: la Galería Munch
• Motivo de la llamada: Avisar de un cambio de horario debido a la estación de verano
• Detalles: Apertura desde las 8:00 hasta las 3:00 en vez de 9:00 a 1:00 y de 2:00 a 4:00
• Día de llegada de los pósters: 26 de abril
• Lo que quiere saber: Cuántos pósters se necesitan
• Número de teléfono: 91 723 4599

6.4 *Gloria Estefan* (✓)

6.4 Transcript

Primera parte

Entrevistador ¿Eres una persona sentimental?

Gloria Sí. Una llora hasta con los comerciales de Kleenex que ponen en la televisión. Las cosas me llegan mucho; no puedo ver películas tristes de animales porque sufro. Mi marido Emilio es igual.

Entrevistador ¿Cuál es tu filosofía de la vida?

Gloria Disfrutar de cada momento, no dejar las cosas para después. Hay que planificar por supuesto, pero hacerlo con la idea de que uno tiene que disfrutar el presente, porque el pasado ya no puedes cambiar y el futuro es incierto. Intento ser expresiva con mis seres queridos y ser lo más feliz posible.

Entrevistador ¿Qué tipo de consejos les das a tus hijos sobre la vida?

Gloria Ellos están conmigo siempre y hemos atravesado momentos difíciles juntos. Yo les digo que la vida es un aprendizaje y que cada cosa, ya sea negativa o positiva, es relativa. Para mí, todo pasa por algo, y de todo se aprende, se hace uno más profundo y adquiere más conocimiento. La vida hay que vivirla y hay que encontrar lo que te hace feliz y hacerlo.

Entrevistador ¿Consideras que eres una influencia fuerte en sus vidas?

Gloria Trato de estar al tanto de sus emociones. Hago lo posible por ayudarles y enseñarles. Pero no soy posesiva, ni celosa. Procuro darles mucho cariño.

Entrevistador ¿Y cuando te vas de gira?

Gloria Van conmigo. No voy a dejar ni a un adolescente ni a un bebé solos. Salimos catorce meses en la gira y no voy a dejarlos todo ese tiempo.

Entrevistador ¿En qué punto de tu carrera te encuentras?

Gloria Estoy feliz porque creo que estoy a un nivel en que ya tengo fans que son leales y que siguen lo que hago con interés, mientras lo haga porque lo amo y creo en lo que estoy haciendo. Las cosas deben venir del corazón y el público puede palpar cuando algo es real. Para mí, la música es una forma de felicidad y de desahogo creativo. Mi nuevo disco refleja realmente cómo me siento como mujer llegando al fin de este milenio. Me gustaría dejar con este disco algo muy positivo y optimista, que divierta. La música siempre ha sido en mi vida algo que me hace sentir bien. El disco es nostálgico, son temas de los setenta porque me crié en esa época y había un sentir libre y explorador.

Entrevistador ¿Quiénes han sido tus ídolos musicales a través del tiempo?

Gloria No he sido una persona que ha seguido a artistas; me gusta mucha música de diferente gente. Me encanta la música cubana, Cachao, el Trío Matamoros, los Beatles; mi mamá tenía discos de Javier Solís en casa.

Segunda parte

Entrevistador ¿Eres religiosa? ¿Espiritual? Frente a este fin de siglo en el que se vive un vacío, ¿cuál es tu sentir?

Gloria Creo que existe este vacío espiritual porque hemos experimentado tal crecimiento en la tecnología y nuestras vidas se han simplificado. Sin embargo, no todos están felices, porque somos seres espirituales y necesitamos más que cosas materiales. Me crié en el catolicismo y quizá por eso tengo un poco de irreverencia: no necesito dogmas en mi vida. Me considero espiritual. Para sentirme contenta es importante ayudar al prójimo y ser una fuerza positiva. Todos encuentran su propia manera de ser espirituales; respeto todas las elecciones y pienso que para todas las religiones el amor es básico. Vivo mi vida pensando en el amor y haciendo cosas para él. Soy espiritual, pero no según la forma de una religión organizada.

Entrevistador Pasando a cosas más terrenales, ¿cómo te mantienes en forma?

Gloria Hago ejercicio en la mañana cuando me levanto, porque si lo dejo para después se me va la energía. Trato de hacerlo cinco días a la semana, pero con mi calendario de promoción es difícil. Tengo un gran lujo: un gimnasio buenísimo en la casa y un entrenador.

Entrevistador Los medios están difundiendo una imagen anoréxica de la mujer. ¿Eso te afecta a ti?

Gloria Claro que no. Déjame decirte, yo como muy bien. Una cosa es estar saludable, delgada, flexible y en buena forma, y otra es estar malnutrida. Es triste que se venda esa imagen. De pronto volverá otra vez un *look* más atlético; desafortunadamente así es en la moda, tienes que ir de un extremo a otro. Las modelos deben lucir la ropa en los desfiles, son casi como percheros. La mujer debe saber que ésa no es la imagen para ella. Cada ser humano es un mundo y hay belleza en miles de formas. Además, tampoco es que luzcan bien las modelos.

Entrevistador Si te encontraras a Aladino, ¿qué deseos le pedirías?

Gloria Bueno, salud para todos mis seres queridos, y para todo el mundo. Simplemente la oportunidad de ver crecer a mis hijos, poder compartir sus vidas y evolucionar de manera creativa en lo que haga.

Entrevistador Gloria Estefan, muchísimas gracias.

Gloria De nada.

6.4A Answers
1F 2V 3V 4F 5F 6F 7V 8F 9F 10V

6.4B Answers
1 ver 2 cambiar 3 encontrar 4 estar
5 dejar 6 venir 7 palpar 8 he sido; ha
seguido 9 Hemos experimentado 10 se han
11 hacerlo 12 encontraras; pedirías

6.4C Answers
Key content points might be:

- sentimental, especially about animals
- lives for the moment
- tells children to learn from all life's experiences, good or bad
- tries to help and teach her children and give them a lot of love
- will not leave them, even when on tour
- not possessive or jealous of them
- fans are loyal and follow what she does
- music always a positive aspect of her life
- new record positive, optimistic and nostalgic for the 70s when she grew up
- likes music of different types rather than specific artists
- feels spiritual but rejects dogma – lapsed Catholic
- love is basis of all religion
- likes to help others and be a positive force
- doesn't belong to any organised religion; has own spirituality
- tries to exercise 5 days a week – has own gym and personal trainer
- doesn't agree with the anorexic look of contemporary models as promoted by the media
- believes that beauty exists in many forms
- wishes for health of loved ones, to watch children grow and to continue being creative

6.4 Consolidación (the personal *a*) Answers
1 six
2 Eran las ocho de la tarde. Cogí ...... las llaves y salí de casa para pasear **al** perro. Vi **a** mi vecino, el señor Alonso, y le dije buenas tardes. Se iba al aeropuerto a recoger **a** su hija. Unos momentos después, vi ...... un coche aparcado debajo de un árbol. No reconocí **al** conductor. Vi **a** otro hombre cerca de la puerta de entrada de la casa de los Rodríguez. Busqué ...... un teléfono para llamar **a** la policía. La policía llegó y entró en la casa. Encontraron **al** ladrón en la cocina. Llevaba ...... una bolsa de plástico. La policía arrestó **al** ladrón, pero no encontraron el coche, así que no pudieron arrestar **al** conductor.

6.5 *La nueva propuesta del pop español*

6.5A Answers
1 Valencia
2 la guitarra
3 *Sombras largas*
4 pegadizo
5 por separado
6 canciones grabadas
7 doce de las canciones
8 llevan su autoría
9 (bastante) identificada con la letra
10 un grupo natural
11 pasado de moda
12 el circuito valenciano (de bares y pubs)
13 el próximo día 30
14 le da la vida
15 escuchando música, componiendo y pensando en nuevos trabajos

6.5B Transcript
7 Leguas es un grupo pamplonés de cuatro personas: voz, guitarra, batería y teclados. No son cantautores, sino que cantan temas exclusivamente de otros grupos como por ejemplo de los Rolling Stones.

Habían grabado unas doce canciones para su segundo álbum, *Sombras largas*, pero EMI les hizo regrabar unas treinta. Cuando componen canciones trabajan en grupo, y luego cada miembro aporta nuevas ideas. A la cantante, Marta, no le gustan las canciones como *Angie* de los Rolling Stones, porque, según dice, "No me siento identificada con el tipo de mujer que representa la canción." Tienen tres conciertos muy importantes en el futuro, Madrid a finales de mes, Barcelona el día trece, y finalmente Valencia. De momento están de vacaciones.

6.5B Answers
7 Leguas es un grupo valenciano de tres personas: voz, guitarra, y bajo. Son cantautores, pero cantan también temas de otros grupos como los Rolling Stones.
Habían grabado unas treinta canciones antes de grabar su primer álbum, *Sombras largas*, pero Sony les hizo regrabar unas doce. Cuando componen canciones trabajan por separado, luego cada miembro contribuye ideas. A la cantante, Marta, le gusta la canción *Angie* de los Rolling Stones, porque, según dice, "Me siento identificada con el tipo de mujer que representa la canción". Tienen dos conciertos muy importantes, Madrid, que ya queda atrás, y Barcelona el día treinta. De momento están escuchando música, componiendo y pensando en nuevos trabajos.

6.5 Consolidación Answers

1 Se formó el grupo en Valencia.
2 El grupo no transmitió una imagen glamorosa.
3 Los miembros del grupo compusieron las canciones.
4 Presentaron sus más de treinta canciones grabadas a varias compañías discográficas.
5 Regrabaron doce canciones para el álbum.
6 Marta grabó la canción *Angie*, de los Rolling Stones.
7 El grupo recorrió el circuito valenciano de bares.
8 Organizaron dos conciertos importantes.

6.5E Transcript

Hola, buenas tardes. Quería dejar un anuncio en su periódico para una función que estamos realizando. Va a ser una función para recaudar fondos para los niños de Kósovo, que tendrá lugar el día 25 a las 19:30, en el local de la Asociación de Vecinos de Chamberí, que está en la calle Río Rosas. Las entradas cuestan 1.500 pesetas y habrá una serie de actividades, entre ellas habrá una rifa, un mago, un recital de guitarra y también degustación de tortilla. Si quieren ponerse en contacto conmigo, el teléfono es 91 ... el nombre es José ... 91 492 2768. Gracias.

6.5E Answers

Objetivo de la función: Recaudar fondos para los niños de Kósovo
Fecha y hora de la actividad: El día 25 a las 19:30
Sitio donde tendrá lugar la función: Local de la Asociación de Vecinos de Chamberí, calle Río Rosas
Precio de las entradas: 1.500 ptas
Lista de actividades: Rifa, mago, recital de guitarra, degustación de tortilla
Nombre y número de contacto: José, 91 492 2768

6.6 *El flamenco: "lo llevan en la sangre"* (✓)

6.6 Transcript

Helena Err ... ¿nos podría explicar, por favor, qué es el flamenco? ¿Cuál es el significado del flamenco?
Pilar Err ... el flamenco es un arte, es un modo de expresión ... tal como lo conocemos hoy en día se remonta al siglo XVIII y normalmente participan un guitarrista, un cantante y un bailaor o bailaora, y la representación tiene lugar en un tablao.
Helena ¿Quién baila flamenco?
Pilar Normalmente suelen ser los gitanos. Ellos dicen que lo llevan en la sangre. Y también es muy común que ... que gente vaya ... vaya a academias donde puedan aprender.
Helena ¿Es común entre ... más entre la gente joven o entre la generación de personas más mayores?
Pilar Err ... normalmente es gente joven pero si son los gitanos, lo bailan tanto los jóvenes como los adultos.
Helena ¿Y qué representa realmente el flamenco para los gitanos?
Pilar Para ellos es un elemento de identidad: es su cultura. Hace que los gitanos se sientan orgullosos de sus raíces, ya que normalmente son discriminados en la sociedad española.
Helena ¿Y por qué se ha vuelto tan popular el flamenco en los últimos años? ¿Por qué se baila en diferentes países, se ha exportado mundialmente?
Pilar Yo creo que se debe a su originalidad. Es muy diferente al resto de la música y la gente también viaja más y adopta diferentes cosas de diferentes países y el flamenco se asocia a la fiesta, a beber y a pasarlo bien.

6.6 Answers

1 un arte, un modo de expresión
2 siglo XVIII
3 un guitarrista, un cantante y un bailaor o una bailaora
4 tablao
5 los gitanos
6 la sangre
7 los jóvenes; los adultos
8 elemento de su identidad; es su cultura.
9 orgullosos; sus raíces
10 discriminados
11 originalidad
12 la fiesta, a beber y a pasarlo bien

6.7 *La historia del flamenco* (✓)

6.7A Answers

1 influencias de muy diversos orígenes
2 acostumbrada a tomar prestadas las formas musicales de allí donde llegaran
3 esta región disfrutaba de un impresionante auge cultural, artístico y científico
4 se inició una cruenta serie de expulsiones
5 se habían refugiado huyendo de las reconversiones forzosas
6 los gitanos se fueron integrando
7 la continua retroalimentación
8 una música que no ha cesado de evolucionar

¡Sigue! 1 Segunda edición

6.7C Answers

El estilo que viene de . . .	se llama . . .
Jerez	jerezanas
Málaga	malagueñas
Extremadura	extremeñas
La Mancha	manchegas
Ronda	rondeñas
Triana	trianeras
Sevilla	sevillanas
Granada	granadinas

6.7D Answers

1 guajira **2** alegrías **3** farrucas **4** garrotines
5 fandango **6** rumba **7** saeta **8** sevillana
9 bulería **10** copla

6.7E Transcript

Entrevistadora Antonio Porcuna, El Veneno, sueña con cambiar la tienda de muebles donde trabaja por los escenarios. Y confía que la Lámpara Minera de la Unión se convierta en la llave maestra que le abra las puertas al mundo artístico. Antonio Porcuna nació hace treinta y un años en la localidad cordobesa de Adamuz y espera llevar el apodo familiar "El Veneno" a un lugar destacado del firmamento flamenco.

¿Qué puede suponer para su carrera artística este primer premio, Antonio?

Antonio Un salto bastante grande por lo que supone la Lámpara Minera y toda la difusión que tiene en los medios de comunicación. Tengo otros premios también muy importantes, a los que no quiero quitar valor, pero nada que ver con éste.

Entrevistadora ¿Se lo esperaba?

Antonio Hombre, cuando concursas siempre tienes la esperanza de conseguir algún premio. Pero nunca sabes lo que puede pasar: hay que cantar bien y esperar a ver qué dice el jurado para hacerte ilusiones. En esta ocasión parece que no hay dudas: tanto mis compañeros como el público me han dicho que he estado bien.

Entrevistadora Y ¿cómo piensa rentabilizar el trofeo?

Antonio Yo quiero dedicarme totalmente al flamenco. Y seguir investigando y estudiando, que es lo que hago desde hace tiempo. Ahora espero actuar mucho más que en los últimos años.

Entrevistadora ¿Y con el dinero?

Antonio No lo sé todavía. Tengo novia y hay planes de boda para agosto.

Entrevistadora ¿Por qué canta, Antonio?

Antonio El flamenco me viene de tradición familiar. Lo escucho desde que era niño porque mi padre también es un buen aficionado. Y tanto me gustaba que comencé a cantar.

Entrevistadora ¿Cuáles son sus gustos artísticos?

Antonio Cada día me gusta más el flamenco rancio, el puro. Me gusta escuchar a los cantaores antiguos.

Entrevistadora Y por Levante, ¿a quién admira?

Antonio Pencho Cros y Encarnación Fernández.

Entrevistadora Antonio Porcuna, El Veneno, felicitaciones por el premio, y muchísimas gracias.

Antonio Gracias a usted.

6.7E Answers

1, 3, 4, 6, 10, 12, 14

6.7 Consolidación Answers

1 a cubana **b** jerezana
c pamplonesa/pamplónica **d** valenciano
e gallegas
2 a formó **b** llegaron **c** invadió;
abandonaron **d** se trasladaron
e Permanecieron **f** Se establecieron
g disfrutaba **h** expulsaron; fueran
i trabajaban; vivían **j** Llevaban **k** buscaron
l ha cesado

6.8 *Viva el baile* (✳)

6.8A Suggested answers

- sensuality, spiteful love, disappointments, hopes and passion
- 40 pieces, a journey through the history of the tango, from the early days of the rural *milonga* of the brothels to the contemporary work of Astor Piazzolla
- Piazzolla and Zaraspe – choreographers; Libertella and Stazo – musicians (bandoneon players); Capani – artist; Ramos, Nora and Mazzei – (tango) singers
- 'Ojos negros', 'El día que me quieras', 'La comparsita', 'Canaro en París'
- Théâtre des Champs-Elysées, Paris; Kremlin Theatre, Moscow; Sistine Theatre, Rome; Longacher Theatre, Broadway; Palladium, London. The public liked it a lot.

6.8B Transcript

Entrevistadora Su carisma, fuerza y personalidad están acercando el flamenco a una nueva generación que nunca escuchaba escuchado esta música. Este bailaor y coreógrafo nació en Córdoba en 1969, y a los catorce años entró en el Ballet Nacional de España, donde muy pronto se convirtió en solista. Su carrera como artista independiente comenzó en 1990, mezclando en sus actuaciones la danza española y la danza contemporánea. En 1996 apareció en la película de Pedro Almodóvar "La flor de mi secreto", donde interpreta una coreografía propia con música de Miles Davis (este gran músico de jazz, en un primer intento por combinar el jazz y el flamenco, compuso en 1960 el disco "Sketches from Spain").

La "Compañía de Baile Joaquín Cortés" ha estado de gira con gran éxito los dos últimos años, rompiendo las barreras de la danza contemporánea alrededor del mundo entero. Joaquín Cortés, respecto al baile, ¿qué se gana y qué se pierde con la edad?

Cortés Se pierde poco; posiblemente frescura, pero se gana muchísimo: la madurez, la sabiduría y la experiencia.

Entrevistadora Muchos artistas de flamenco, muy reconocidos y alabados entre los profesionales, han malvivido de su arte. ¿Esto está cambiando?

Cortés Sí, por supuesto. Las nuevas generaciones tienen otra ética profesional.

Entrevistadora En tu conocido interés por el cine, ¿cuál es tu planteamiento?

Cortés Mire, a mí me encanta el cine. Es otra forma de ver el arte; todavía se puede explotar muchísimo el cine con el flamenco.

Entrevistadora ¿Cuánto daño puede hacer una crítica feroz?

Cortés Ninguno. Lo importante es lo que piensa el público.

Entrevistadora ¿Cómo hay que bailar para tener a favor la crítica especializada en flamenco?

Cortés Bueno, yo soy anticrítico. No hay que bailar para la crítica sino para la gente y para uno mismo.

Entrevistadora ¿Lo mejor y lo peor de la fama?

Cortés Por mí, a lo mejor, tener el poder de la comunicación y la transmisión de tu arte. Lo peor, cuando los medios te violan la intimidad.

Entrevistadora Joaquín Cortés, muchas gracias.

Cortés De nada, guapa.

6.8B Answers

1 carisma, fuerza, personalidad
2 Ahora existe una nueva generación de oyentes de la música flamenca.
3 1969
4 bailaor, coreógrafo
5 1983
6 21
7 española, contemporánea
8 27

9 un disco de Miles Davis que combinó el jazz y el flamenco
10 Ha estado de gira (con su compañía de baile).
11 Se pierde la frescura, pero se gana muchísimo: la madurez, la sabiduría y la experiencia.
12 La nueva generación es más profesional.
13 El público es más importante. No baila para la crítica.
14 Lo mejor es que se puede comunicar y transmitir su arte. Lo peor es que los medios violan la intimidad.

6.9 *El cine de Pedro Almodóvar* (✓)

6.9A Transcript

a Mi película preferida trata de una mujer que está esperando a que le telefonee su amante, que hace poco que la ha abandonado.

b Mi película preferida es su primera película comercial. Las protagonistas son tres chicas madrileñas muy extrañas.

c Pues, yo prefiero la película en que la mujer deja su trabajo y a su marido para regresar a su región natal.

d Mi película favorita trata de una chica que acepta la culpa del homicidio de su esposo porque su madre, que es cantante, ha cometido el asesinato.

e Me gusta la película en que un cadáver resucita, se enamora con la chica, y luego se encuentran con un fugitivo.

f A mí me gusta la película que trata de una mujer de la limpieza, cuyo marido tiene relaciones con una cantante.

6.9A Answers
1c 2e 3d 4f 5b 6a

6.9B Answers
dramática guión celuloide tragicomedia géneros obra toques cinematografía argumentos chocante dramón diálogo descubrimiento protagonistas trama

6.9F Transcript
Primera parte

Llorenç Parece ser que el cine español está pasando un buen momento y que se está proyectando internacionalmente y ... ¿qué opináis vosotros sobre el respecto ... José?

José Bueno, yo creo que en los últimos 20, 25 años sí ha tenido una gran expansión, sobre todo desde la muerte de Franco, con cineastas como Almodóvar, que representó como la explosión de todo aquello que se prohibía en España antes de que Franco muriera y a partir de allí han surgido nuevas corrientes, nuevos directores, que me parece muy enriquecedor, porque muchos de ellos son muy jóvenes y tienen ideas muy originales y han llegado a cubrir, pues, temas que antes en España no se hacían, pues de la ciencia-ficción, err ... con una serie de efectos especiales y unas temáticas muy, muy diferentes. La gente como Buñuel, por ejemplo, si tú nos comentas algo, Mario, de cómo ese cambio de cine ha surgido desde tu punto de vista desde México, porque Buñuel en México tuvo mucho éxito y trabajó mucho allí.

Mario Claro, bueno, yo estoy ... concuerdo absolutamente con José en que el cine español ha cambiado radicalmente desde la muerte de Franco. Vamos, el cine español en México antes lo veíamos un poco como demasiado folklórico y con tantos cantantes y musicales y que era un cine inocuo, completamente de muy mala calidad y hubo una explosión cultural impresionante, vamos, con Saura y con Berlanga, con Bardem y, bueno, ahora con Almodóvar, ¿no? Y todo este cine se sigue mucho en México. Es un cine que ha tenido un gran éxito porque es un cine que, bueno, rompió los tabúes que ... que prevalecieron durante la dictadura y lo vemos como algo muy, muy creativo, vamos, de ... de allí la fama que el cine español ha adquirido no sólo en México ... internacionalmente donde ha cosechado muchos premios internacionalmente: el festival de Cannes, de Venecia, etc. Y ... bueno, la prueba de ello es que un nombre como Buñuel tuvo que exiliarse en México para poder hacer el cine que él deseaba hacer, que no se le permitió hacer en España bajo la dictadura y ... bueno, para nosotros, yo insisto ha sido una influencia muy grande para nuestro propio cine.

Segunda parte

José Y ¿qué opinas, Helena? Por ejemplo, el fenómeno Almodóvar, que se habla mucho de él, pero ¿es todo tan bueno como se dice de él o también tiene sus ... partes criticables?

Helena Bueno, en primer lugar yo no haría una diferenciación tan grande entre el cine antes, es decir, no se puede comparar el cine durante la época de Franco con el cine ahora. No era un cine malo. Lo que sucede es que existía la censura y por lo tanto no se podía expresar ... no se podía expresar toda la creatividad que existía como un potencial y creo que esta expresividad ha tenido un proceso por el cual ha hecho como una explosión que tiene lugar, que está teniendo lugar en el momento actual, quizás durante los últimos 10/15 años. En este proceso el cine español se convierte en un cine con muchas más ideas, con muchos más participantes, sin censura, con muchos más medios, con muchos más fondos del estado y, además, es

un cine que empieza a ser más conocido en todo el mundo. Algunas películas y algunos directores son mucho menos conocidos porque son más minoritarios, y sin embargo el fenómeno Almodóvar es como ... es una cristalización de ... un conjunto de ideas que han existido desde el cine de los folklóricos. Él utiliza de hecho muchos elementos folklóricos en su cine. Lo que sucede con el fenómeno Almodóvar es que a la medida en que se ha hecho más mayoritario y cada vez más personas conocen a Almodóvar y van a ver las películas de Almodóvar, también él se ha convertido, según mi punto de vista, en una persona mucho más comercial. Hace muy buen cine y utiliza muy buenos medios pero sus ideas y su planteamiento del cine para mí es mucho más comercial en las últimas películas de lo que era en las primeras películas, que eran realmente vanguardistas.

6.9F Answers
1 **a** V **b** NSS **c** V **d** M **e** V **f** M **g** M **h** V **i** NSS
   j V
2 **a** Porque existía la censura y por lo tanto no se podía expresar la creatividad.
   b El cine moderno es un cine de más ideas, más participantes, más medios, más fondos del estado, y sin censura.
   c Utiliza muchos elementos folklóricos.
   d Se ha convertido en una persona más comercial.
   e Sus primeras películas eran vanguardistas.

6.9H Answers
1 Más gente asistió al cine para ver películas españolas, el nivel de calidad creció, y el público se reconcilió con la industria.
2 Surgió una nueva generación de directores, guionistas, actores y actrices, y ahora es un cine bien aceptado por el público.
3 La gente de la industria está haciendo buen cine que conecta con el público, y además del talento demostrado en las películas, se trata una multiplicidad de temas.
4 Es un premio de la industria cinematográfica española.
5 Es un thriller psicológico al estilo de Hitchcock.
6 La industria no reconoce su contribución, pero mucha gente piensa que sin esta contribución, el cine español nunca hubiera tenido tanto éxito.

6.9 Consolidación Answers
1 Si Colón no **hubiera descubierto** América, el español nunca habría sido un idioma tan importante en el mundo.
2 Si Almodóvar no **hubiera ido** al cine desde

muy joven, no se habría hecho realizador de películas.

3 Si **hubiera sabido** que era tu cumpleaños, te habría comprado un regalo.

4 Si **hubieras cogido** un taxi, no habrías llegado tarde.

5 Si me lo **hubieras dicho** antes, habría podido hacer algo.

6 Si **hubieran salido** más temprano, no habrían perdido el tren.

6.9 ¡Infórmate!

This section contains background information in Spanish about the life and career of Pedro Almodóvar, hence his omission from the list in task 9. Some of his films are available on video from larger record stores in big cities, and if there is a member of staff who teaches Media Studies, it might be possible to enlist their assistance in the area of critical appraisal of filmmaking technique. An extended study of the films of Almodóvar might make a useful coursework assignment, or an oral presentation topic.

6.10 *Películas fantásticas* (✷)

6.10A Answers

1 *Ataque verbal*
2 Elvira Lindo
3 *La primera noche de mi vida*
4 romántico
5 Jasmina
6 escéptico
7 un poco tímido
8 visualmente impactante

6.10B Answers

1 Miguel Albadalejo no hace cine para los adolescentes.
2 Miguel no quiere deshacer el tándem con Elvira Lindo.
3 A Miguel le gusta provocar melancolía.
4 Su próxima película va a ser una película romántica.
5 No está satisfecho de hacer cine social – quiere hacer otro tipo de cine
6 Se mantiene escéptico frente al éxito del cine español en los últimos años.
7 Cree que los cineastas españoles no están a la vanguardia del cine experimental – el cine español es un poco tímido.
8 Quiere experimentar con el encuadre y el relato puramente visual.

6.10C Answers

1 500 millones de pesetas
2 Era crítico cinematográfico.
3 Una fantasía de la Edad Media, parecida a un juego electrónico.

4 *Conan el Bárbaro* y *Dune*
5 No, porque se dice que el director tiene un espíritu iconoclasta y burlón.
6 Maquetas, efectos especiales y mucho sentido de humor
7 *El Señor de los Anillos.*

6.10 Consolidación Answers

La limusina **se está parando** y la portezuela **se está abriendo**. La estrella de la película **está bajando** del coche enorme, con su nuevo marido. **Está llevando** un vestido rojo con un pendiente de diamantes. Los dos **están hablando** con los aficionados. Algunos les **están entregando** papeles, y les **están pidiendo** autógrafos. Un hombre **está saliendo** de la entrada del cine con un gran ramo de flores. Le **está entregando** el ramo a la actriz famosa. Lo **está cogiendo**, y le **está dando** un beso. Los dos **están subiendo** la escalera. **Están dando** una vuelta, y **están saludando** a la multitud. Los fotógrafos **están sacando** fotos, y los disparadores de flash **están estallando** por todas partes. La pareja **está entrando** en el cine, y la multitud **está aplaudiendo**.

Unidad 7 *Viajar, las vacaciones*

7.1 *El mejor destino* (✓)

7.1A Answers
1e **2**d **3**f **4**c **5**a **6**b

7.1B Suggested answers

1 Servicios eficientes y buena organización
2 Demasiados turistas
3 Los días cuando acude más gente
4 Se pueden hacer muchas y variadas cosas
5 Los empleados en hoteles, restaurantes, etc. son eficientes y agradables
6 Se debe conducir con cuidado (curvas, caminos estrechos, etc.).

7.1C Transcript

Stella Bueno, entonces, ¿adónde vamos a ir de vacaciones este año? Porque ya estamos en junio, se acerca la fecha y siempre esperamos hasta el último minuto para decidirlo.

Roxana Yo quiero ir a Ibiza.

Stella ¿A Ibiza? Yo no quiero ir a Ibiza. Estoy completamente en contra.

Roxana ¿Por qué?

Stella Porque es como seguir en la ciudad: mucha gente, mucho ruido ... Yo quiero ir a algún sitio, a la montaña por ejemplo, cambiar de aires, respirar el aire puro, relajarme . . . Quiero hacer algo diferente.

Roxana En Ibiza tienes la playa. Nos podemos relajar, ponernos morenos, volver a casa con buena pinta . . .

Olga ¡Pero todos los años vamos a la playa! Necesitamos un cambio. Yo también estoy harta de pasar todo el día encima de una toalla en la arena con otros miles de personas.

Roxana Yo no lo veo así. Ibiza no es todo playa y sol – tienes una vida nocturna muy animada. También podemos ir de marcha: salimos por la noche, nos levantamos, nos vamos a la playa, volvemos a casa, descansamos un ratito, salimos de nuevo . . . ¿Qué más quieres?

Stella Pero eso se puede hacer aquí también. Todos los días saliendo, saliendo. Yo prefiero algo tranquilo y relajado.

Olga Pues, sí, es una buena idea. ¿Adónde quieres ir?

Stella Pues, por ejemplo, podemos ir a los Pirineos. Nunca vamos a la montaña. Podemos ir a los Pirineos, hacer un poco de deporte, hacer senderismo . . .

Roxana ¡Qué aburrimiento! ¡Qué rollo, por favor!

Stella Pues, yo lamento tener que llevarte la contraria, pero a mí me apetece . . .

Roxana Yo me niego por completo a ir a los Pirineos.

Stella ¿De verdad? Pues, ¡imagínate! Caminando todo el día, tanto aire puro . . .

Olga Bueno, lo que Roxana quiere es ir a la playa y tomar el sol.

Stella ¿Tú quieres ir a la playa?

Olga No, no. A mí no me apetece ir a la playa este año. Porque todos los veranos vamos a la playa. A mí me encantaría ir a Madrid. La verdad es que sería muy divertido. Hay tiendas estupendas: podríamos ir de compras, conocer los nuevos museos – y los viejos también, porque tampoco los conocemos. Además que se come muy bien. Hay restaurantes de todas partes, de todo tipo . . . También hay discotecas, igual que en Ibiza, y teatros. O sea que lo podemos pasar muy bien.

Stella ¡Yo no comparto tus opiniones sobre Madrid! ¿Todo el día en la calle, y luego toda la noche en la discoteca? ¡Yo quiero un poco de relax!

Roxana Yo no quiero ir a Madrid.

Olga ¿Tú no quieres ir a Madrid?

Roxana No. Entre el ruido del tráfico y el calor – hay mucho jaleo. Yo prefiero ir a Ibiza. Además podemos practicar el inglés. Van tantos extranjeros allí.

Olga Extranjeros van, sí, y españoles también. Pero está todo lleno de tirados. Yo no quiero ir a Ibiza.

Stella No me interesa pasar la noche en bares con gente borracha como una cuba . . .

Olga . . . o haciendo el payaso y poniéndose en ridículo. Suele haber mucha gente tonta.

Stella Precisamente. Todo eso me hace subirme por las paredes. Yo quiero hacer algo sano, relajado, tranquilo, que vuelva a casa y esté como nueva.

Olga No entiendo cómo quieres hacer ese tipo de vacaciones. De verdad.

Stella ¡Mejor que estar de juerga en la capital y volver a casa muerta de sueño! Vacaciones es descansar.

Olga Pero ¿qué tranquilidad y qué relax? ¡Es demasiado! ¡Te vas a aburrir como una ostra en la montaña! No hay nada que hacer por la noche.

Stella Sí, pero Ibiza es demasiada marcha. No te da tiempo de descansar ni de hacer nada. Es todo el rato salir y beber.

Olga Es verdad. Y si vas a estar de mala leche todo el día, ¡no lo vamos a pasar muy bien!

Stella Y la capital es todo museos y tiendas.

Olga Estás equivocada, ¿sabes? Hay muchos espacios verdes en Madrid – podemos ir de paseo en la Casa de Campo o hacer una excursión a la Sierra de Gredos.

Stella Pues, sí, es verdad. La montaña está muy cerca. Podemos pasar dos o tres días allí en la sierra en un albergue y hacer senderismo o explorar los pueblos pequeños de los valles . . .

Olga Y también unos días en la capital misma, haciendo turismo y un poco de cultura, mirando escaparates . . .

Stella Bueno, ¿qué hacemos? Pensando en las ventajas y las desventajas, y teniendo en cuenta lo que queréis, creo que me quedo con Madrid.

Roxana Vale. Estoy de acuerdo. ¡Si me prometes que saldremos por la noche!

Olga Sí. De día la ciudad o la montaña, y de noche los bares y las discotecas. Y el año que viene iremos a Ibiza.

Roxana Muy bien.

Stella ¡Venga! Vamos a ver si podemos encontrar información en Internet . . .

7.1C Answers

1 pinta **2** marcha **3** rollo **4** relax **5** jaleo
6 tirados **7** cuba **8** payaso **9** ridículo
10 paredes **11** juerga **12** sueño **13** ostra
14 leche

We can relax, get a tan, and go home looking great/good.
But we can also get out and about; we can go out in the evenings . . .
How boring! What a pain/bore/chore that'd be!
All day in the street, and all night in the disco? I want a bit of a rest/relaxation.

Between the noise and the traffic … there's a lot of rowdiness.
Foreigners go, true, and the Spanish as well. But it's full of jerks…
I'm not interested in spending the night in bars with people who are really drunk.
Messing/clowning around and being stupid.
All that drives me up the wall.
Better than living it up in the capital and returning home totally exhausted/shattered.
You're going to be bored out of your mind in the mountains!
And if you're going to be in a filthy mood all day, we're not going to have a very good time!

7.1D Answers

	A favor	En contra
Montaña/ Pirineos	cambiar de aires/aire puro hacer deporte/ senderismo relajarse	aburrido nada que hacer por la noche
Ibiza	relajarse en la playa ponerse moreno/a volver con buena pinta salir por la noche practicar el inglés	todos los años van a la playa/necesitan un cambio hay tirados/gente tonta
Madrid	museos/turismo/teatros/ cultura ir a tiendas/mirar escaparates ir a discotecas se come muy bien hay muchos espacios verdes cerca de la montaña/sierra	mucho ruido, tráfico, jaleo mucho calor

7.1E Answers
1, 3, 4, 5, 6, 8, 10

7.1 Consolidación Answers
1 gran 2 Algunas 3 buen 4 buena
5 ninguno 6 primero 7 gran 8 mala
9 buena 10 uno/mal

7.2 *Al fondo hay sitio*

7.2A Answers
1e 2g 3a 4f 5d 6c 7b 8h

7.2B Answers
un cinturón 2   la etiqueta con los detalles de tu vuelo y destino 7   las pastillas contra el mareo 8 la camisa de seda 3   el traje 5   el recibo de la agencia de viajes con los números de tus cheques de viaje 6   el despertador 4   el bañador 2

7.2C Answers
colocar, apilar, acoplar, aplastar, meter, manchar, poner, guardar, arrugarse, rellenar, doblar, encajar

7.2D Answers
1 encajar 2 colocar 3 poner 4 aplastar
5 poner/guardar 6 manchar 7 arrugarse
8 rellenar 9 doblar 10 rellenar

7.3 *Supervacaciones a miniprecio* (✓)

7.3A Answers
3, 12, 1, 6, 4, 10, 9, 5

7.3B Answers
1? 2V 3? 4M 5V 6? 7M 8?

7.3C Answers
1 fechas 2 desocupados 3 semana 4 vivir
5 inferior 6 entrada

7.3 Consolidación (superlatives) Answers
2   **a** Uno de los mejores modos de viajar es en avión…
   b …pero tal vez el más barato es en tren.
   c El modo más atractivo de viajar es quizás en barco.
   d Las peores vacaciones de mi vida fueron las del verano pasado.
   e Los museos más interesantes son a menudo los más caros.
   f Las mejores oportunidades
   g Uno de los hoteles más lujosos
   h La opción menos cómoda
   i La isla caribeña más hermosa
   j El peor atasco de la temporada

7.3 Consolidación (infinitives) Answers
1   Alojarse en un albergue juvenil es un modo de conseguir unas vacaciones muy baratas.
2   Viajar por libre puede resultar muy caro.
3   Alojarse en una granja es un modo cómodo de disfrutar de la naturaleza.
4   Me encanta viajar con mi familia.
5   Tomar el sol en España es mi idea de cómo disfrutar de unas vacaciones perfectas.

7.4 *Conseguir un chollo*

7.4 Transcript
Entrevistadora   Bienvenidos a nuestro programa "Viajes al alcance de todos". Hoy tenemos en el estudio al director general de AMAVE, la Asociación Española de Mayoristas de Agencias de Viajes, el señor Ruperto Donat. Buenos días, Señor Donat.
Donat   Buenos días.

Entrevistadora Hoy, hablamos de los chollos. ¿Qué es un chollo, exactamente?

Donat Un chollo es algo que, con las mismas condiciones, sale más barato. A la hora de viajar, hacerlo por la mitad de precio de lo habitual se puede considerar como una ganga. Es importante informarse bien de los componentes de la oferta del viaje – la calidad del alojamiento, la comodidad del vuelo, por ejemplo...

Entrevistadora ¿Quién encuentra los viajes chollo?

Donat Por un lado, están las personas que saben atrapar las oportunidades cuando se les presentan, que encuentran una oferta excepcional en un momento puntual y deciden irse. Por lo general son las personas jóvenes, a quienes no les importa la fecha del viaje. Tampoco les importa ir a un destino en que no habían pensado en un principio. De todas formas, quien busca y está atento a la información que sale al respecto, finalmente encuentra lo que busca.

Entrevistadora ¿Por qué aumentan y bajan los precios de los viajes?

Donat A veces hay destinos desconocidos que tienen precios muy baratos, pues el nivel de vida del país es más bajo que el nuestro. Cuando se produce un "boom" de turismo los precios en el lugar suelen subir, como ocurrió en Turquía hace varios años. Sin embargo, una caída del turismo por causa de conflicto interno o una guerra puede provocar promociones – como ocurrió en Egipto tras el descenso del número de visitantes provocado por miedo a los atentados.

Entrevistadora ¿Cómo podemos reconocer una oferta interesante?

Donat Muchas veces hay ofertas que lo parecen y al final no lo son, pues la calidad del producto que están ofreciendo es mucho peor. Para que un viaje sea una ganga no tiene que ser un producto de mala calidad, sino resultar más económico que su valor real en el mercado. Yo no me fío mucho de las ofertas que aparecen en los periódicos del domingo. Hay que leer cuidadosamente la letra pequeña.

Entrevistadora ¿Cómo podemos encontrar una de estas superofertas?

Donat En ocasiones, las agencias de viajes o las compañías aéreas lanzan ofertas, como dos billetes de avión por el precio de uno, por ejemplo. Otra posibilidad puede ser recurrir a descuentos que las agencias de viajes ofrecen durante todo el año. El Carnet Joven Europeo, por ejemplo, permite obtener una rebaja de al menos un cinco por ciento en vuelos, y muchas agencias lanzan viajes con precios especiales para estudiantes. Sin embargo, no se puede predecir cuándo y dónde aparecerán

las ofertas. No hay fórmulas mágicas para encontrar chollos. Hay que buscar mucho, pedir varios presupuestos – ¡y tener suerte!

Entrevistadora Estamos casi en Semana Santa. ¿Es un buen momento para encontrar chollos?

Donat No – ¡es uno de los peores momentos!

Entrevistadora ¿Por qué?

Donat Es una época muy popular para ir de vacaciones, sobrepasada solamente por el verano. Por consecuencia, los precios suben hasta un 25% en relación con el invierno.

Entrevistadora ¿Cuáles son los destinos más populares?

Donat En cuanto a distancias cortas, los movimientos más comunes se realizan en la Península y las islas, sobre todo hacia la costa. Aunque algunos aprovechan para visitar una ciudad europea, en general el viajero de esta temporada busca sol y playa en lugares cercanos.

Entrevistadora Y ¿con respecto a distancias medias?

Donat Las ciudades europeas como Londres, Roma o París alcanzan precios muy altos, a pesar de lo cual constituyen el segundo grupo de destinos preferidos por los españoles en Semana Santa. Pensando en las distancias largas, dentro de esta categoría existen algunos destinos clásicos de estas vacaciones, como Marruecos, Turquía, Nueva York o Túnez. A los que buscan calor, lugares como Túnez ofrecen sol y playa y son mucho más baratos que otros.

Entrevistadora ¿Y el turismo rural? ¿Sigue siendo popular?

Donat El turismo rural se ha impuesto de forma masiva en los últimos años y es una de las opciones más solicitadas en estas fechas. En Semana Santa resulta muy difícil alquilar una propiedad porque casi todas están reservadas con antelación, ya que los precios son muy económicos.

Entrevistadora ¿Cuántos días solemos ir de vacaciones durante Semana Santa?

Donat En cuanto a la duración de las vacaciones que se hacen en Semana Santa, lo más normal es que sean de cuatro días. Es la semana cuando más se demandan paquetes turísticos para el puente. En la última quincena, casi todos los viajes de una semana están ya reservados y es difícil encontrar hotel en ciudades como Nueva York. Y hay muchos que deciden en función del tiempo que hará, antes de hacer la reserva. Hay una tendencia a esperar para ver si va a nevar, por ejemplo, en el caso de los que quieren ir a esquiar.

Entrevistadora Parece que va a ser imposible

conseguir una ganga durante Semana Santa, entonces.

Donat Imposible, no. Aunque no es la mejor época para conseguir chollos, hay ofertas muy interesantes. ¡Pero hay que buscarlas!

7.4A Answers

2 La gente joven, en general, **está dispuesta** a viajar a cualquier sitio.

5 Cuando un lugar de veraneo se hace muy popular, suelen **subir** los precios.

6 Si buscas, acabarás encontrando un chollo: la suerte **tiene mucho/algo** que ver.

7 El Carnet Joven Europeo ofrece un descuento de **al menos un 5%** en vuelos durante **todo el año**.

10 El segundo grupo de destinos preferidos por los españoles son los **europeos (como Londres, Roma o París)**.

12 **Hay** mucha gente que reserva en el último momento.

7.4B Answers

1h 2d 5e 4a 5l 6j 7g 8f

7.4 ¿Cómo se dice . . . "j"? Transcript

Los viajes al alcance de todos
la calidad del alojamiento
la comodidad del vuelo, por ejemplo
personas jóvenes, a quienes no les importa la fecha del viaje
¿Por qué aumentan y bajan los precios de los viajes?
El Carnet Joven Europeo, por ejemplo
una rebaja de al menos un cinco por ciento
en general el viajero de esta temporada busca sol y playa
no es la mejor época para conseguir chollos

7.5 *Viajes compartidos* (✓)

7.5A Answers

1 sí 2 no 5 sí 4 sí 5 no 6 sí 7 no 8 no

7.5B Answers

1 careces 2 servicios 3 con 4 van 5 pagar 6 precio 7 acuerdo 8 costará

7.5C Suggested answer

Most customers are young globetrotters. They say that they manage to get a car quickly and only have to call a day or two in advance. In addition to travelling more cheaply, it's a good opportunity to make friends. The main problem is that the travellers far outnumber the drivers who are offering their cars. Spaniards are unwilling to offer to travel with strangers in their cars. Consequently in these agencies there are still more foreign car owners than Spanish ones. You can enrol at the agency's regional offices or by leaving a simple message on the answering machine. If the traveller doesn't find a car, he will not have to pay a fee. The driver and the passenger must provide the following information: date of journey, meeting point, itinerary and stops, amount of luggage, if they are taking an animal, and finally, whether they are smokers.

7.5 Consolidación Answers

1 Viajar en avión no es una opción tan divertida como viajar en coche. Viajar en avión es una opción menos divertida que viajar en coche.

2 Galicia (es una región que) recibe un número de visitantes menor que Andalucía. Galicia (es una región que) no recibe un número de visitantes tan grande como Andalucía.

3 Los holandeses no son tan reacios como los españoles a ofrecer su coche para viajar con extraños. Los holandeses son menos reacios que los españoles a ofrecer su coche para viajar con extraños.

4 Las parejas de jubilados no son viajeros tan amistosos como los jóvenes *trotamundos*. Las parejas de jubilados son viajeros menos amistosos que los jóvenes *trotamundos*.

7.5D Transcript

Hola, buenas tardes. Soy Jordi Sainz, de Ibercarretillas en Barcelona. Este es un mensaje para el señor Ribera. Es que todavía no he recibido las copias de los catálogos que pedí en la reunión en Madrid. La feria de Navarra empieza el 23 de marzo y necesitaremos unos cinco mil ejemplares para distribuir durante la feria. Necesitamos quinientos ejemplares del catálogo de las carretillas diesel, y quinientos ejemplares del catálogo de las carretillas elevadoras de paletas. Creo que mil ejemplares del catálogo de las carretillas electrónicas serán suficientes. Y mil ejemplares de cada uno de los catálogos de preparadoras de pedidos, todoterrenos, y las elevadoras combinación. Si puede mandarme los catálogos lo antes posible, se lo agradecería. Normalmente utilizamos el servicio de mensajería DHL o UPS, porque pueden garantizar la entrega en veinticuatro horas. Si hay algún problema, puede llamarme mañana al 934 79 85 00, o puede mandarme un fax al 934 79 85 02. Estaré en la oficina entre las 10 de la mañana y las tres de la tarde, pero tengo una reunión en Gerona a las cinco. Si no puede ponerse en contacto conmigo mañana, puede hablar con mi secretaria, la señora Alonso Becquer. Repito, AL-ON-SO BE-CQUER. Se escribe B-E-C-Q-U-E-R. Muchas gracias. Adiós.

7.5D Answers

1 Fecha de la feria: 23 de marzo
Lugar de la feria: Pamplona
Cantidades y tipos de catálogos: 500 – carretillas diesel; 500 – carretillas elevadoras de paletas; 1000 – carretillas electrónicas; 1000 – preparadoras de pedidos; 1000 – todoterrenos; 1000 – elevadoras combinación; 5000 en total
Cómo entregar los catálogos: empresa de mensajería (DHL/UPS) – pueden garantizar la entrega en 24 horas
Números de contacto para el señor Sainz: Telf. 934 79 85 00; Fax 934 79 85 02
El paradero del señor Sainz mañana: Oficina entre 10:00 y 15:00; reunión Gerona 17:00
Lo que se debe hacer en caso de no poder ponerse en contacto con el señor Sainz: hablar con la secretaria, la señora Alonso Becquer

2 Suggested answer
Dear Stuart
I can confirm the details of our visit to the fair at the NEC in Birmingham next month. There will be eight of us altogether: four of the representatives, three secretaries, and myself.

We'll arrive at Birmingham Airport on 22 June on British Midland flight BM058. We'll arrive at about four in the afternoon. Can you pick us up from the airport? I haven't yet been able to reserve any hotel rooms. Can you recommend a hotel quite near to the NEC? It'll be helpful to stay in a hotel which offers guests e-mail and fax facilities.

Last time I was in England you told me that there was a good Spanish restaurant in Birmingham. Does it still exist? I would like to invite you to have dinner with us in typically Spanish surroundings – perhaps on the last night of our stay. Would it be possible for you to book a table for 12 people? That is, for us, you and your wife and your boss and his wife.

What is there to see around Birmingham? I don't know the area and we will have a free day during the fair. What would you recommend?

Please get in touch as soon as possible with your suggestions. I look forward to hearing from you.
Best wishes
Jordi Sainz
Sales and Marketing Director

7.5E Transcript

Hola, buenas tardes. Comenzamos este nuevo repaso a las carreteras en Lérida donde sigue cortada la N-II en el km. 518, en Cervera, a causa de una manifestación a pesar de que hay desvíos debidamente indicados, hay 12 km. de retención en ambos sentidos en esa zona. Además, hay nivel amarillo, circulación muy lenta, con paradas intermitentes, en la Comunidad de Madrid, en la M-40, 10 km. entre la Avenida Argentales y Mercamadrid en sentido carretera de Andalucía. En la carretera de Burgos 7 km. entre Alcobendas y San Sebastián de los Reyes en sentido salida.

En la N-V hay 2 km. en Alarcón y 6 en Móstoles y en la carretera de La Coruña otros 6 km. en el entorno de Las Rozas. En la carretera de Barcelona problemas en ambos sentidos. En sentido de salida hay 5 km. entre las inmediaciones del aeropuerto y San Fernando y otros 5 en Alcalá de Henares. En la carretera de Toledo hay 3 km. en Getafe en ambos sentidos y en la carretera de Valencia, 2 en Santa Eugenia y 2 en Villadejo de Salvanes en sentido Valencia a causa de un accidente ocurrido más o menos a la altura del km. 50. Tengan cuidado con la niebla que dificulta la conducción en 16 puntos fundamentales en carreteras de Zaragoza y Lérida aunque también hay niebla en Toledo, en la N-IV en Tembleque, en Huesca en la II y en N-II en Fragar y en la N-240 en Barbastra, en Orense N-525, en la capital y en Teruel N-232 en Alcaizar hay nivel verde y es recomendable reducir la velocidad hasta los 50 km. por hora.

7.5E Answers

1 **a** Hay una manifestación.
  b El tráfico circula muy lentamente.
  c Ha habido un accidente.
2 Hay niebla.
3 Hasta los 50 km. por hora.

7.6 *Aventuras de estudiante*

7.6A Transcript

Jaime ¡Hola, Carlos! He estado hablando con tus amigos y me han dicho que las últimas vacaciones os fuisteis de acampada y os lo pasasteis muy bien.

Carlos Sí, nos fuimos unas dos semanas por ahí.

Jaime A ver, cuéntame, qué os pasó.

Carlos Pues ... la primera noche, alguien puso mal la tienda de campaña, y, por la noche, entre el frío y el viento, se voló y se nos cayó encima.

Jaime Pero luego ... ya ... la ... la repararíais, la pondríais bien y dormiríais, ¿no?

Carlos Sí. Luego, ponerla bien fue fácil y dormimos casi todo el resto de la noche.

Jaime Lo que me han dicho que fue un cachondeo, no sé qué pasó con un granjero, una noche, ¿no?

Carlos Sí, eso fue la segunda. Estábamos cansados y acampamos en mitad de la montaña. Y allí, a las tres de la madrugada, empezamos a oír gritos.

Jaime Y a ver qué pasó. Cuenta, cuenta.

Carlos Nada. Un granjero que había salido de su casa que creía que le estábamos intentando robar, o algo así.

Jaime ¿Qué? Tendría por allí las ovejas, los cerdos o algo, ¿no?

Carlos No, nosotros no vimos ninguno. Aunque eso sí, vimos la escopeta que llevaba en la mano.

Jaime ¿Una escopeta?

Carlos Sí, pero para desgracia de aquel pobre hombre era de plástico, que era la de su hija.

Jaime Ah, entonces os reiríais de él.

Carlos Nos reímos hasta que vimos aparecer a un policía.

Jaime ¿Un policía? ¿Y qué pasó luego con el policía?

Carlos Lo había llamado su mujer al oír los gritos.

Jaime Y luego ¿qué? ¿Os llevó a la comisaría, u os puso una multa?

Carlos No, no. Nos preguntó por qué habíamos acampado allí, y le dijimos la verdad.

Jaime ¿Pero cuál era la verdad?

Carlos Que estábamos cansados y decidimos descansar en mitad de la montaña.

Jaime Y luego ¿os quedasteis a dormir allí, o tuvisteis que iros a otro sitio?

Carlos No, tuvimos que ir al pueblo y nos acogieron unas familias.

Jaime Bueno, pues cuéntanos algo más que os pasó.

Carlos Hombre, pues, el tercer día, me parece que era, estábamos allí, y a no sé quién, se le ocurrió acampar en la playa. Y claro, a todos nos gustó la idea.

Jaime Hombre, claro, es una muy buena idea, porque acampar allí, en la playa, con las estrellas y demás...

Carlos Sí. Al principio, parecía bonito. Pero luego, imagínate, estás durmiendo, todo tranquilo y empiezas a ver agua que moja los colchones.

Jaime Hombre, os asustaríais un poco, pero nada: saldríais, quitaríais las tiendas y ya está, ¿no?

Carlos Sí. Eso no tuvo mucha complicación. Y luego, al final nos fuimos a un pueblo por allí cerca de Asturias, y nos pasamos una semana por ahí. Más o menos eso.

7.6A Answers
3, 5, 4, 1, 6, 2

7.6B Answers
1c 2f 3d 4a 5g 6e

7.6C Answers
1 Carlos pasó las vacaciones con **sus amigos**.
2 La primera noche alguien **puso mal** la tienda.
3 Pasaron **mucho frío**.
4 A las tres de la madrugada **oyeron gritos**.
5 Los gritos **del granjero** despertaron a **Carlos**.
6 El granjero **creyó** que eran unos ladrones.
7 El granjero llevaba **la escopeta de** su hija.
8 La **mujer del granjero** llamó a la policía.
9 El policía les obligó a **irse**.
10 Pasaron la noche con **unas familias en el pueblo**.
11 La **tercera** noche acamparon a orillas del mar.
12 Pasaron el resto de las vacaciones en **un pueblo cerca de Asturias**.

7.6 Consolidación Answers
1 My best friend would have come, but he didn't have time.
2 We would have had problems with the guard, but he was friendly.
3 The farmer would have fired his shotgun, but it was a toy one.
4 The villagers would have put us up for a couple of nights, but we wanted to explore the coast.
5 I would have been soaked to the skin in the big tent, but I was in the small one, in the dunes.

7.7 *Playas azules* (✓)

7.7A Answers

Número de banderas azules	España	Italia	Grecia
Playas	229	215	237
Puertos	51	39	6
Total	280	254	243

7.7B Answers
1d 2g 3a 4e 5h 6c 7b (f is the distractor).

7.7C Suggested answers
1 ya falta poco para el verano, tenemos ganas de que llegue.
2 el número en Grecia es mayor.
3 piden más que en el pasado, ya no se conforman con lo mismo.
4 deben tener un servicio de información sobre el medio ambiente, y cómo actuar para conservarlo.
5 han de seguir las leyes referentes al estado y cuidado de las playas y costa en general.

7.7D Answers
en esta ocasión concretamente pese a que globalmente en número de/en cuanto a número de aunque en lo relativo a además por supuesto sin embargo por contra mediante

7.7 Consolidación (demonstrative adjectives)
Answers
1   Esta; esa; aquella
2   estas; este
3   Esos
4   este; aquellos
5   estas

7.7 Consolidación (relative pronouns) Answers
1 **a** en el que **b** en la que **c** Lo que **d** con la que **e** el que **f** Lo que **g** cuyo **h** que **i** con la que
2   **a** Éste es el laboratorio en el que se **harán** las pruebas de los productos.
    b Aquí está el comedor. Es la sala en la que **comerán** los empleados.
    c Lo que no les **gustará** a los empleados es el ruido de las máquinas.
    d Ésta es la carretilla elevadora con la que se **pondrán** los productos en las estanterías.
    e De todos los productos, el que más se **venderá** es éste.
    h El empleado que propuso el cambio **trabajará** en la sección de manutención.

7.7 Consolidación (future) Answers
podremos: poder
bañaremos: bañar
lucirá: lucir
serán: ser
ondeará: ondear
estarán: estar
acaparará: acaparar

7.8 *El turismo en Menorca*
7.8 Answers
1, 3, 4, 6, 7, 9

7.8 Consolidación Answers
1   sería: would be
    proporcionaría: would provide
    podrían: would be able to
    se celebraría: would be held
2   El Consell acordó hoy que consideraría prolongar la temporada. Sin embargo para fomentar el turismo durante la temporada baja, sería necesario/preciso superar el concepto tradicional del turismo/de las vacaciones de sol y playa. Las organizaciones turísticas deberían destacar la cultura y las tradiciones de Menorca y el Consell acordó que promovería el carácter distintivo de la isla. Antoni Juaneda explicó que durante el mes siguiente el Consell analizaría todas las propuestas debatidas en el transcurso de la reunión y recordó a los representantes que habría ayuda económica para proyectos del sector privado.

7.9 *Hacer una reserva* (✓)
7.9A Transcript
Soy Pilar Martínez, de la Asociación de Estudiantes de la Universidad de Zaragoza, y les llamo para pedirles información. Somos un grupo de unos veinticinco estudiantes y nos gustaría organizar un viaje a Londres durante la Semana Santa, de entre tres y cinco días. La mayoría no tendría problemas en alojarse en habitaciones dobles, de dos camas, o en triples. Sería ideal si nos pudieran proporcionar dos o tres habitaciones individuales también. Preferiríamos habitaciones con ducha o baño, si eso no hace subir demasiado el precio. En principio habíamos pensado en buscar alojamiento a base de cama y desayuno, pero si es posible cenar en el hotel a un precio razonable, nos interesaría. Queremos un lugar céntrico, que no esté lejos de los puntos de interés turístico. Uno de nuestros compañeros está en silla de ruedas – ¿habrá algún problema en cuanto a su alojamiento?

No sabemos si sería más barato elegir un paquete turístico, o intentar buscar billetes de avión baratos y reservar el hotel aparte: ¿qué nos aconsejarían ustedes? Nos gustaría también comprar una tarjeta turística para el metro y el autobús antes de llegar, para poder utilizarla para ir del aeropuerto al hotel el día de nuestra llegada.

Nos pueden contactar por fax. El número es el 976 295147.

Gracias y adiós.

7.9A Answers
1   Easter, 3–5 days
2   25
3   double or triple rooms, 2 or 3 single rooms, shower or bath, bed and breakfast (or dinner too), one student in wheelchair
4   central, near tourist sights
5   package tour or cheap flight? Tourist ticket for underground and buses?

7.9B Suggested answer
Dear Mr Wilson
Thank you for your fax of 18 February and for the information you provide in it. I can confirm our interest in the tourist packages that you recommended and in the special offers for groups. We can confirm that:

• we are a group of 24 students (13 women and 11 men), all of an approximate age of 25
• we want to take a charter flight from Barcelona to London the Thursday before Easter and return the following Monday
• we would like to book 10 twin rooms, one triple and one single room (all with shower) in a central one-star hotel. One of the double

rooms has to be on the ground floor
- the booking should be for 3 days on the basis of half board, with bed and breakfast on the Sunday

We would also like you to suggest:

- some ideas for a show and a special dinner on the Sunday evening and how to get tickets in advance
- the best markets to visit on the Saturday

We still haven't received a reply to our question about the tickets for the underground and bus; can you give us some details on how and where to get them?
Yours sincerely
Pilar Martínez

7.9 ¿Cómo se dice . . . "II"? Transcript
en silla de ruedas
billetes de avión
el día de nuestra llegada

7.10 *El turismo alternativo* (✳)

7.10A Answers
España 1, 4   México 3, 7, 8   Los dos países 2, 5, 6

7.10B Answers
1 ante el inminente deterorio de sus fuentes de ingresos
2 bellos y bien conservados bosques de pino o encino
3 que ponen a prueba la destreza del ciclista más experimentado
4 un conjunto de cuevas, peñascos y desfiladeros impresionantes
5 captación de agua de lluvia, reutilización de aguas grises, calentadores solares, compostas y reciclajes de desechos
6 las ganas con las que todos los miembros de los Pueblos Mancomunados apoyan y trabajan para lograr que el ecoturismo se convierta en una alternativa productiva real para ellos

7.10C Transcript
Olga   Oye, ¿sabes que me he enterado de que hay una oferta para ir a las montañas de Oaxaca en México?
Stella   ¿Ah sí?
Olga   Sí. Es una comunidad pequeña que está a más de tres mil metros de altura sobre el nivel del mar, y a una hora y media al este de la ciudad de Oaxaca.
Stella   Parece interesante.
Olga   Sí, además podemos dormir en una cabaña, comer comida tradicional...
Stella   ¿Una cabaña? Pero, ¿no será un poco incómodo en una cabaña?

Olga   Hombre, puede que sí, pero vamos a conocer cómo viven esas personas, no vamos a encontrar turistas por todas partes...
Stella   Ya, pero luego si no estás a gusto, ¿cómo te mueves de allí? Luego no te puedes desplazar a ningún sitio. Vamos a estar un poco aisladas, ¿no?
Olga   Sí, pero el aire fresco que vas a respirar...
Stella   ¿No será un poco peligroso, si te pones enfermo o algo?
Olga   Tú tan negativa como siempre.
Stella   No sé. Yo creo que vamos a estar en un sitio muy aislado, y luego si queremos ver otras zonas...
Olga   No lo sé. Pero también tienes que pensar en que no vamos a perjudicar al medio ambiente, porque el tipo de alojamiento es apropiado, la ... gastan agua de lluvia, usan calentadores solares, y además reciclan los desechos.
Stella   Bueno, eso es interesante. Pero yo creo que me gustaría más ir a un lugar de Europa, algo que no esté tan lejos, donde la cultura sea más cercana a la nuestra y donde vayamos a tener transporte para desplazarnos, ver otras zonas, no un sitio en las montañas.
Olga   Pero siempre hemos viajado a Europa. Yo creo que deberíamos intentar esto y tener una nueva experiencia.
Stella   Ya, pero es un pueblo tan aislado y tan cerrado. Si luego no conectas con la gente de allí...
Olga   ¡Venga! Arriésgate por una vez, y no seas ... no seas tan aburrida.
Stella   Está bien. Seamos intrépidas. Vamos este año a México.

7.10C Answers
1M 2V 3? 4M 5? 6V 7M 8? 9? 10V

7.10D Answers
1 conocer 2 turistas 3 cómodo 4 3.000
5 aire 6 perjudicar 7 intentar 8 intrépidas

7.10 Consolidación Answers
1 Este; aquél
2 esta; aquélla
3 este; aquél
4 este; aquél
5 este; aquél
6 esta; aquélla
7 Este; Ese/Aquél
8 este
9 este; Ese/Aquél
10 estas; éste

7.11 *El transporte público* (✓)

7.11A Transcript

Hola. Soy de Barcelona y me llamo Llorenç. En mi ciudad el transporte público funciona bastante bien. Tenemos metro y autobuses. También hay trenes y taxis. El autobús y el metro funcionan tranquilamente, no hay muchos problemas pero en hora punta se llenan mucho y los autobuses se quedan parados en las esquinas y en los semáforos. El taxi es caro y, según el tráfico, te puede llevar mucho tiempo viajar de un sitio a otro de la ciudad. El ... mucha gente escoge comprarse una moto, o un coche pequeño para moverse rápidamente y el problema del aparcamiento pues, para coches es difícil, pero para motos es más fácil encontrar un sitio donde dejarla. Es difícil ir en bicicleta en Barcelona porque hay mucha montaña y, y es muy cansado. Pero mucha gente lo utiliza también, depende de por dónde se muevan.

7.11A Answers

1 Le parece que el sistema funciona bastante bien.
2 Porque los autobuses se quedan parados en las esquinas y los semáforos en horas punta.
3 Es caro, y se tarda mucho en ir de un sitio a otro de la ciudad.
4 Una moto, porque es más fácil encontrar sitio para aparcarla.
5 Porque en Barcelona hay mucha montaña.

7.11B Answers

1C + M **2**M **3**C **4**ND **5**C + M **6**C + M **7**M
8C + M

7.11C Transcript

Línea 900: teléfonos de servicio público. La Dirección General de Tráfico tiene a su disposición el teléfono 900 123 505. A través de este número usted recibirá la información que necesita sobre cualquier cuestión relacionada con el tráfico, estado de las carreteras y puertos de montaña, retenciones y obras, accidentes y otras incidencias que se hayan producido.

En este teléfono le informarán también sobre algunos servicios que le pueden ser útiles en la carretera: talleres y gasolineras, centros de emergencia, estaciones de autobuses y de otros medios de transporte.

Además se ofrece asesoramiento sobre normas y consejos de seguridad vial y sobre trámites administrativos relativos tanto a vehículos como a conductores: matriculación, permisos, licencia y legislación. Este teléfono de la Dirección General de Tráfico es el 900 123 505. Es gratuito y funciona todo el año, las 24 horas del día.

7.11C Answers

1 **a** estado de las carreteras y puertos de montaña, retenciones y obras, accidentes y otras incidencias
   b talleres y gasolineras, centros de emergencia, estaciones de autobuses y de otros medios de transporte
   c matriculación, permisos, licencia y legislación
2 Es el 900 123 505; es gratuito.

7.12 *Un debate acalorado* (✓)

7.12 Transcript

Primera parte

Entrevistadora El anuncio que se va a construir una nueva línea ferroviaria de alta velocidad entre Madrid y la frontera francesa ha vuelto a disparar todas las alarmas sociales respecto a las graves consecuencias que acarrea este modelo de transporte. La "conquista" de ganar media hora entre Madrid y Barcelona tiene graves consecuencias para el medio ambiente. El AVE ocasionará, en nuestra zona, la división del Parque del Sureste y la destrucción y pérdida de parajes ecológicos irreemplazables, así como un fuerte impacto urbanístico en las localidades por cuyas cercanías se pretende hacer pasar.

Segunda parte

Entrevistadora Esta tarde, tenemos en el estudio al Sr. Vallejas y a la Sra. Álvarez para participar en nuestra discusión sobre los pros y los contras del nuevo AVE. Sra. Álvarez, usted tiene ciertas dudas sobre el proyecto.

Sra. Á Tengo muchas. En primer lugar, numerosos estudios de la Unión Europea concluyen que el incremento de la movilidad está originando más problemas que beneficios. A pesar de lo evidente de esta situación, la administración española no quiere reconocerlos.

Entrevistadora ¿Senor Vallejas?

Sr. V Por mi lado, puedo decir que el gobierno central se toma en serio los estudios europeos. Hace poco, lanzamos el Plan Director de Infraestructuras, que en su mayor parte es un catálogo de grandes infraestructuras para el transporte. No es el gobierno sólo a quien le interesa mejorar el sistema de transporte: las Comunidades Autónomas y los Municipios reclaman mejores infraestructuras.

Sra. Á Yo respeto las decisiones de las comunidades en lo que se refiere a su propio futuro, pero no estoy convencida de que se den cuenta de todos los hechos, ni que se los hayan presentado de manera clara. Las consecuencias de esta política son muy amplias. El modelo elegido no es otro que la "triple A del transporte": Automóvil, AVE y Avión, los tres medios de transporte que más problemas generan.

Sr. V Todos ellos son bien recibidos por la mayoría de los ciudadanos como respuesta a la gran demanda de transporte. En definitiva existe un amplio consenso entre las fuerzas políticas y sociales, compartido por la administración. Como confirmó el Plan Director, queremos realizar "la identificación de bienestar con la máxima facilidad para la realización de desplazamientos motorizados a la máxima velocidad posible".

Sra. Á Las sociedades industrializadas no se están dirigiendo a tratar de reducir al mínimo los movimientos de materiales o personas: al contrario, se apoyan cada vez más en los intercambios y desplazamientos a grandes distancias de crecientes masas de personas y mercancías y el proceso de globalización de la economía hace que esté incrementando aún más esta tendencia.

Sr. V Según el director general de operaciones de RENFE, es imprescindible crear corredores de tráfico entre Alemania, Francia, España y Portugal, si queremos competir con el resto de Europa. El éxito del AVE significa que sigue habiendo una demanda ferroviaria. Hoy en día necesitamos un nuevo tipo de ferrocarril, y una nueva infraestructura.

Sra. Á Las infraestructuras no son "neutrales" en la generación de la demanda, sino que la estimulan en función de las nuevas posibilidades que abren, así unas infraestructuras sobredimensionadas conducen a una actividad del transporte hipertrófica.

Sr. V Yo no lo veo así.

Sra. Á Aumentar la velocidad de un tren de 100 a 400 kms/h supone que la potencia debe multiplicarse por 64. Es evidente la vinculación que tiene el AVE con el fortísimo consumo de energía eléctrica y, por tanto, con la energía nuclear. En Alemania los ferrocarriles participan en la explotación de dos centrales nucleares, en buena medida para garantizar los fuertes suministros que necesitan sus TAV.

Entrevistadora Tenemos que dejarlo allí. Gracias a usted, Sra. Álvarez y Sr. Vallejas. Seguro que este tema seguirá animando a más discusiones...

7.12A Suggested answers
1 una nueva línea ferroviaria de alta velocidad
2 Madrid a la frontera francesa
3 media hora en el viaje
4 la ruptura del Parque del Sureste/la destrucción y pérdida de parajes ecológicos irreemplazables
5 zonas urbanas

7.12B Answers
4, 2, 6, 5, 3, 1

7.12C Answers
1 Sra. Álvarez 2 Sra. Álvarez 3 Sr. Vallejas
4 Sr. Vallejas 5 Sra. Álvarez 6 Sr. Vallejas
7 Sra. Álvarez 8 Sra. Álvarez

7.12 ¿Cómo se dice . . . "v"? Transcript
una nueva línea ferroviaria de alta velocidad
ha vuelto a disparar
las graves consecuencias
la división del Parque del Sureste
al Señor Vallejas y a la Señora Álvarez
los pros y los contras del nuevo AVE
el incremento de la movilidad
no estoy convencida
Automóvil, AVE y Avión
cada vez más
Yo no lo veo así
Es evidente la vinculación que tiene el AVE con el fortísimo consumo de energía

7.13 *El nuevo AVE* (✳)
7.13A Answers
El impacto ambiental: Julia Rodríguez Fischer, Manuel Rull Rivá, Verónica Vizcaya Boyer
El deterioro del sistema ferroviario actual: Susana Jurado Ros, José Luis Pumar, Eduardo Navarro Benavides
Las consecuencias sociales: Annick Mata Viana, Pilar de Lara, Josu Romero-Requejo

7.13B Answers
1 sí 2 sí 3 no 4 sí 5 no 6 sí 7 no 8 sí

7.13C Answers
1 la inversión
2 la infraestructura
3 el disfrute
4 el usuario
5 la degradación
6 la valla
7 el recorrido
8 la recuperación
9 el desvío
10 el desmantelamiento

7.13D Transcript
Entrevistador Se dice que se han exagerado las consecuencias que tiene para el medio ambiente el desarrollo del AVE y que no hay alternativas. ¿Qué opina usted?
Voz Estoy convencido de que es posible llevar a cabo una política de transporte que tenga menos impacto ambiental. Necesitamos también un sistema que proporcione más equidad social y que sea más eficaz económicamente.

Entrevistador ¿Cómo se puede conseguir esto?

Voz Se conseguirá si llegamos a un equilibrio entre los diferentes medios de transporte. Hay que perfeccionar las infraestructuras que tenemos y mejorar sus servicios. Lo que necesitamos en cuanto al transporte es un cambio radical de la política. El sistema de transportes existe para servir a la sociedad – no lo contrario.

Entrevistador ¿Cuáles son las medidas que se pueden introducir?

Voz Concretamente debemos volcar el esfuerzo inversor en la recuperación de las líneas ...

Entrevistador ... las líneas convencionales.

Voz Sí, las líneas actuales de ferrocarril. Al mismo tiempo, debemos paralizar la realización de AVEs. Otra medida ambiental sería resistir la tentación de utilizar el avión para distancias cortas y usarlo en su ámbito natural para recorrer distancias largas.

Entrevistador ¿Y para los usuarios del transporte diario?

Voz La inversión en el ferrocarril de cercanías es mínima. Habrá que hacer que aumente el uso del ferrocarril en las ciudades, igual que los regionales en las diferentes comarcas. Al mismo tiempo, es preciso reducir la cantidad de dinero invertido en el uso del automóvil. Hemos favorecido demasiado el transporte privado – ahora debemos promocionar el público y el no motorizado.

7.13D Answers

1 impacto **2** eficacia **3** infraestructuras **4** política **5** sociedad **6** ferrocarril **7** recorridos **8** cercanías **9** inversiones **10** público

7.13 Consolidación Answers

1 completarán **2** se separará **3** hará **4** saldrán, someterán **5** veremos **6** se dispondrá

7.14 *Enviar por adelantado*

7.14 Transcript

Sonó el teléfono y don Epigmenio dejó sus herramientas sobre la mesa para contestarlo.

– Diga usted...

– Soy la señora de Mastuerzo – contestó una voz femenina en tono que no admitía réplica –. Tengo entendido que ustedes hacen cajas de madera para empacar, ¿no es así?

– Pues ... sí, hasta cierto punto – repuso don Epigmenio sonriendo melancólicamente.

– ¿Cómo hasta cierto punto? – se escuchó la voz de la dama. La inflexión de su voz casi permitía ver que estaba levantando una ceja.

– Quiero decir, que en un sentido figurativo ...

eufemísticamente hablando ... pues, sí, hacemos cajas de madera para empacar.

– No tengo tiempo para discutir filigranas del lenguaje – resopló la señora de Mastuerzo –. Necesito urgentemente una caja para hacer un envío a un sitio distante. Por lo tanto, requiero que esté sólidamente construida.

– Todas nuestras cajas están hechas para viajes muy largos, señora.

– Bien. Por otra parte, la mercancía que voy a enviar es bastante frágil y delicada.

– Nuestras cajas, señora, van acojinadas por dentro.

– Perfecto. ¿No hay riesgo que se salga el contenido?

– Ninguno, señora – volvió a sonreír don Epigmenio –. El contenido sólo sale cuando lo disponga el remitente ... O por mandato judicial, en ciertos casos.

– Déjese usted de metáforas, hombre de Dios, y atienda a mis instrucciones. La mercancía que me propongo meter en la caja se descompone fácilmente...

– Ahora existen sustancias para preservar cualquier cosa por tiempo indefinido – repuso don Epigmenio. La señora de Mastuerzo ignoró el comentario.

– Por lo tanto, la necesito a más tardar para las cinco de la tarde. Haga el favor de tomar las medidas.

– No es necesario, señora. Todas nuestras cajas vienen en tres tamaños: grandes, medias y pequeñas. En negro, gris o blanco.

La dama guardó un minuto de silencio.

– Oiga usted; para mandar cinco kilos de queso no creo que le haga falta pintar la caja...

– Otra vez se cruzó la línea – suspiró don Epigmenio –. Me temo que tiene usted el número equivocado.

– ¿No es ésa la carpintería "La Garlopa"?

– No, señora. Y tampoco es una funeraria, como posiblemente esté usted pensando. Aquí solamente fabricamos estuches para joyas y monedas de oro, aquellos que usan ciertos políticos para hacer sus envíos a los bancos de Ginebra...

7.14A Answers

1a **2**b **3**a **4**c **5**a **6**b **7**c

7.14B Answers

1M **2**M **3**E **4**M **5**E **6**E **7**M **8**E

Unidad 8 *Panorama de México*

8.1 *Los mayas y los aztecas* (✓)

8.1A Answers
1 poner el pie en tierra
2 habitar, vivir en
3 sistema de signos
4 agricultor
5 derrumbarse, hundirse
6 partida de
7 centro ritual de celebración de ritos
8 con adornos de plumaje
9 piel
10 calmar
11 consumir
12 drogas
13 agradar
14 fracasado
15 balón

8.1B Answers
1 falso 2 falso   3 verdadero 4 falso
5 verdadero 6 verdadero 7 falso 8 falso
9 falso 10 verdadero

8.1 Consolidación Answers
1 Adoraría a los dioses Hunab Ku y Chac.
2 Mi madre me vendaría la frente.
3 Mi pueblo sacrificaría seres humanos para aplacar la ira de los dioses.
4 Los hombres jugarían al juego de la pelota y los perdedores serían sacrificados.
5 Nuestra ciudad más importante, Tenochtitlán, estaría en una isla en el lago Texcoco.
6 Haríamos muchos sacrificios humanos.
7 Seríamos guerreros y mercaderes y exportaríamos esclavos, oro y piedras preciosas.
8 Adoraríamos al dios Huitzilopochtli.

8.2 *Palenque: la cuna del arte maya* (✓)

8.2A Answers
1 considerado 2 disminuyen 3 había llegado
4 llegar 5 contemplar 6 han hablado
7 decidirme 8 muestra 9 evoluciona
10 dirán 11 es 12 desapareció 13 fueron
14 atribuyen 15 venir 16 disfrutará
17 hicieron

8.2B Answers
1 agobiar 2 tupida 3 apogeo 4 místicas
5 bruma 6 alucinación 7 sobrecogedor
8 vasta 9 seres 10 estelas 11 enigma
12 hipótesis 13 catástrofes 14 resultado
15 excesiva explotación de los campos

8.2C Answers
1e 2c 3d 4b 5h 6f 7a

8.2 Consolidación Answers
1 La turista preguntó al conductor: ¿Cómo puedo llegar a los centros ceremoniales?
2 Los mayas preguntaban a los dioses: ¿Cómo será la cosecha?
3 Cortés escribió una carta al Rey de España diciéndole: "Tenochtitlán tiene muchas plazas donde hay mercados que están siempre abiertos y negocios de compra y venta".
4 Los guías mexicanos avisan a los turistas: "Tengan cuidado cuando caminen alrededor de las ruinas".
5 Los turistas dijeron: "Estamos muy impresionados por las pirámides".
6 Los economistas anunciaron: "La moneda perderá parte de su valor".
7 Los misioneros españoles denunciaron: "Los conquistadores españoles están cometiendo abusos".

8.3 *El arte precolombino*

8.3A Answers
1b 2d 3c 4a

8.3B Answers
conocía, América, utilizó, cerámica, región, cerámica, estrías, característico, América, indígena, podría, limitación, técnica, prácticamente, cerámica, sí mismo, característico, América, indígena, Esto, podría, limitación, técnica, cerámica, a través, múltiples, indígenas, así, además, cilíndricas, perfección, cúbica, escultórica

8.3C Answers
1 antigüedad 2 estriado 3 girado
4 característica 5 formado 6 verdad
7 indígena 8 consideración 9 libre
10 impuesto 11 artístico 12 forma
13 cilindro 14 escrúpulo 15 perfecto
16 cubo 17 ovoide 18 escultura

8.4 *México hoy en día* (✓)

8.4 Transcript

Entrevistadora ¿Qué cree Vd. que habría sucedido en México si Cristóbal Colón no hubiera llegado a América?

Periodista Mire, si Colón no hubiera llegado a América, México no sería la fusión de culturas que es hoy en día. Si Cortés no hubiera tomado como amante e intérprete a la Malinche, los mexicanos no seríamos mestizos. De igual modo, si Pancho Villa y Zapata no hubieran nacido, quizá no hubiera habido una revolución a principios de siglo. México es hoy el resultado de una serie de acontecimientos históricos que determinan su presente y mantienen viva su historia. Su historia es tan rica y compleja como su propia geografía.

Entrevistadora Y ¿cuáles son las características de su paisaje, y de su población?

Periodista Existe en nuestro país una gran variedad de climas y paisajes en sus casi dos millones de kilómetros cuadrados de superficie: desiertos, playas tropicales, montañas, selvas, etc. La población de México ascendía a 92 millones en 1995 y superará los 100 millones a principios del próximo siglo. La ciudad más poblada y una de las más grandes del mundo es su capital, México, distrito federal, con cerca de 20 millones de habitantes. Las 3/4 partes de la población viven en ciudades y una 1/3 tiene menos de 15 años.

La mayor diferencia étnica es la que distingue a mestizos de indígenas. Los mestizos son las personas de ascendencia mixta, generalmente española e indígena, aunque los esclavos africanos y otros europeos tomaron parte en esta fusión. Los indios son descendientes de los habitantes que poblaron México en la época prehispánica y mantienen su identidad cultural. Los mestizos son una abrumadora mayoría y junto con los pocos descendientes puros de los españoles, ocupan la mayor parte de los puestos de poder en la sociedad mexicana.

Entrevistadora Y ¿conservan los indios una cultura y una lengua propias?

Periodista Los investigadores han determinado que 139 lenguas indígenas han desaparecido. La supervivencia de las aproximadamente 50 culturas indígenas que existen hoy en día, algunas solamente con algunos cientos de personas, se debe a su aislamiento en zonas rurales.

Entrevistadora Y ¿cuál es la situación actual de los pueblos indígenas en México?

Periodista Los indios son tratados como ciudadanos de segunda clase. En la mayoría de los casos ocupan las peores tierras o se ven forzados a emigrar a los barrios marginales de las ciudades o a los Estados Unidos en busca de trabajo. Quedan unos 7 millones de indios puros, aunque unos 25 millones tienen sangre india en sus venas. Siguen viviendo como lo hacían sus antepasados. Los grupos indígenas más importantes son: los nahuas, los zapotecos, mayas, mixtecos, otomíes, tzetzales, tzotziles, totonacas, tarascos, mazahuas, huastecos, mazatecos y choles. Dentro de los grupos menos numerosos los huicholes, de la zona de Jalisco y Nayarit, son famosos porque utilizan la planta alucinógena, el peyote, para comunicarse con los dioses. En tanto que los mazatecos de la zona norte de Oaxaca consumen hongos alucinógenos.

Entrevistadora En cuanto a su economía, ¿cuáles son las fuentes de riqueza de este país?

Periodista México ha pasado de ser un país agrícola a ser uno de los países más industrializados de América Latina. El "milagro" de los años 70, provocado por el petróleo, ha cedido paso a una prolongada crisis económica y a la devaluación del peso, la divisa mexicana. Es uno de los países más urbanizados de Latinoamérica y su riqueza y variedad cultural lo convierten en uno de los países más fascinantes de este continente.

8.4A Answers

1 A series of historical events which determine its present and mean its history is kept alive.
2 Mexico's population was reaching 92 million in 1995 and will exceed 100 million in the next century.
3 The greatest ethnic difference is that which distinguishes mixed-race from indigenous Mexicans.
4 The mixed-race Mexicans are the overwhelming majority.
5 The survival of around 50 indigenous cultures is due to their isolation.
6 Mexico has moved from being an agricultural country to being one of the most industrialised countries of Latin America.
7 There are 7 million pure-blooded Indians left, although some 25 million have Indian blood in their veins.
8 The 'miracle' of the 70s ... has given way to a prolonged economic crisis and the devaluation of the peso.

8.4B Answers

1c 2h 3g 4b 5f 6a 7e

8.5 *Los Zapatistas* (✓)

8.5A Answers
1 falso 2 verdadero 3 falso 4 falso
5 verdadero 6 falso

8.5C Answers
1DG 2AG 3DG 4AG + DG 5AG 6AG 7DG
8AG

8.6 *El Día de los Muertos* (✓)

8.6A Answers
1 el relato
2 el pariente
3 el rito
4 la gallina con mole
5 la cosecha
6 la recompensa
7 el espíritu
8 el pétalo

8.6B Answers
1 falso 2 falso 3 falso 4 falso 5 falso
6 falso 7 verdadero 8 falso

8.6D Transcript
a Me asusta la muerte. Me da mucha tristeza cuando fallecen personas cercanas a mí. Me da la sensación de que se van para siempre. No creo que haya otra vida después de la muerte.
b La muerte me parece un paso hacia otra vida mejor. Creo en la reencarnación. Pienso que las personas que mueren van a otro lugar para ser felices. Me alegra que mis seres queridos vayan hacia otra realidad mejor.
c Yo creo que Dios en el paraíso premiará a las personas que han realizado buenas acciones. Esta vida es sólo un paso en el camino. Hay que vivirla con orden y armonía, haciendo el bien a los demás. Lo bueno viene después de la muerte.
d Nunca pienso en la muerte. Sólo me preocupa divertirme lo más posible mientras esto dure. El placer es lo único en lo que creo. No pierdo el tiempo en pensar en cosas desagradables.
e Considero la muerte como un justo descanso para una vida difícil y llena de pesares. No me importaría morir y que se desvaneciera todo el dolor que implica la vida. Estoy preparado para la muerte.
f La muerte para mí es algo cotidiano. En esta guerra mueren muchos todos los días. La vida es un regalo. A pesar de ello yo creo en los ideales por los que lucho y estoy dispuesto a dar la vida si es preciso. Pero me gustaría seguir vivo y algún día poder estar tranquilo con mi familia y ser feliz.

8.6D Answers
1c 2b 3d 4e 5f 6a

8.6 Consolidación Answers
The correct order is:
11 *Ablanda* la levadura en la taza de agua y *déjala* aparte.
3 Con una batidora *mezcla* la mantequilla, el azúcar y la sal.
9 Luego *añade* media taza de harina, el agua, el anís y la cáscara de naranja.
4 Poco a poco *une* los huevos y la yema de huevo y *bate* 2 minutos a velocidad media.
6 *Añade* la mezcla de la levadura, 1 taza de la harina restante y *bate* 3 minutos a gran velocidad.
7 *Mezcla* a mano la taza y media de harina restante.
8 *Cúbrela* con un trapo y *refrigérala* durante 4 horas.
5 *Divide* la masa en 4 partes y *haz* 4 rollos alargados.
2 *Colócalos* en forma de cruz.
1 *Deja* que la masa repose durante 30 a 40 minutos y *pon* el pan en el horno durante 30 o 40 minutos.
10 *Pasa* un pincel con la clara de huevo y *espolvorea* con azúcar. ¡Ya está!

8.7 *Los mariachis* (✓)

8.7A Answers
1 discutido
2 tocan
3 asociado a
4 designar
5 al son de
6 es originaria de
7 comunicarse
8 "la festejada"
9 mojados
10 se interpreten
11 vida cotidiana
12 famosa

8.7C Transcript/Answers
El rancho grande
Allá en el rancho grande, allá donde **vivía**
Había una rancherita que **alegre** me decía,
Que **alegre** me decía
Te voy a **hacer** unos **calzones** como los que usa el ranchero
Te los comienzo de **lana**, te los termino de **cuero**
Allá en el rancho grande, allá donde **vivía**
Había una rancherita que **alegre** me decía,
Que **alegre** me decía

¡Sigue! 1 Segunda edición

8.8 *Dos pintores mexicanos: Frida y Diego*

8.8A Answers
1 es **2** conoció **3** era **4** se vieron **5** había sufrido **6** marcaría **7** se quedó **8** enseñó **9** era **10** recreó **11** se casaron **12** amó **13** fue **14** tuvo **25** era **16** hizo **17** pudo **18** fue **19** tuvo **20** es

8.8B Answers
1 Frida **2** Frida **3** Diego **4** Diego **5** Diego **6** Frida

8.9 *Las mujeres mexicanas buscan su propia voz* (✳)

8.9A Answers
1 estúpidos **2** el motivo **3** desprecio **4** animáis **5** posición **6** ridiculizando **7** cómo ha de ser (tiene que ser) **8** intenta conseguir **9** persona que no sabe agradecer lo que le dan **10** mantengo, opino **11** alcanza, se atreve **12** pedir algo con mucha insistencia **13** cuerpo

8.9B Answers
estúpidos, caprichosos, insatisfechos, engañosos, arrogantes

8.10 *Como agua para chocolate* (✳)

8.10C Transcript/Answers
Los chiles en nogada no solamente se (1) **veían** muy bien sino que realmente estaban (2) **deliciosos**. Nunca le habían quedado a Tita tan exquisitos. Los chiles lucían con (3) **orgullo** los colores de la bandera: el verde de los chiles, el blanco de la nogada y el rojo de la granada. Estos platones tricolores duraron muy poco tiempo. En (4) **un abrir y cerrar de ojos** los chiles desaparecieron de las charolas. ¡Qué (5) **lejano** estaba el día en que Tita se había sentido como un chile en nogada que se deja por (6) **decencia** para no demostrar la gula! Tita se preguntaba si el hecho de que no quedara ningún chile era (7) **signo** de que se estaban olvidando las (8) **buenas costumbres** o de que en verdad estaban espléndidos. Los comensales se veían encantados. ¡Qué diferencia entre ésta y la (9) **desafortunada** boda de Pedro con Rosaura cuando todos los invitados terminaron (10) **intoxicados**! Ahora, por el contrario, al probar los chiles en nogada, en lugar de sentir una gran nostalgia y (11) **frustración**, todos experimentaban una sensación parecida a la de Gertrudis cuando comió las codornices con pétalos de rosa y, para variar, Gertrudis fue la primera en sentir nuevamente los (12) **síntomas**. Se encontraba en medio del patio bailando con Juan, mi querido capitán y cantaba el estribillo mientras (13) **bailaba** como nunca. Cada vez que (14) **pronunciaba** el "Ay, ay, ay, mi querido capitán" recordaba la época lejana cuando Juan era aún capitán y se encontró con él en pleno campo completamente (15) **desnuda**. De inmediato reconoció el calor en las piernas, el cosquilleo en el centro de su cuerpo, los (16) **pensamientos** pecaminosos y decidió retirarse con su esposo antes de que las cosas llegaran a mayores. Gertrudis fue la que (17) **inició** la desbandada. Todos los demás invitados con uno u otro pretexto y con miradas libidinosas también pidieron disculpas y se (18) **retiraron**. Los novios interiormente lo agradecieron pues entonces quedaron en (19) **libertad** para tomar sus maletas e irse lo más pronto posible. Les urgía (20) **llegar** al hotel.

8.10D Answers
1 deliciosos **2** lucían **3** gula **4** buenas costumbres **5** comensales **6** intoxicados **7** síntomas **8** recordar **9** pensamientos pecaminosos **10** desbandada **11** disculpa **12** tener urgencia por

8.11 *Mexicanos en EE.UU.* (✓)

8.11A Answers
1b **2b** **3a** **4c** **5b** **6c** **7b**

8.11B Transcript
1   Los hispanos tienen mucho que agradecerle a los EE.UU. Gracias a ese país han podido progresar, instalarse y tener una vida cómoda. EE.UU. los ha adoptado como hijos y les ha permitido mantener su cultura. Tanto como los chicanos, como los cubanos y puertorriqueños deben esforzarse por integrarse lo más posible a esta sociedad y enriquecerla con sus propias señas de identidad. Deben quererse como hermanos, sentirse americanos y hablar en inglés, aunque en su casa hablen español. Deben intentar que su hijos sean parte de la sociedad que los ha acogido, aprendan a trabajar duramente y a asumir los valores de los norteamericanos.

2   Los hispanos tienen su propia cultura e historia que deben mantener y transmitir a sus hijos. Algunos de ellos han vivido siempre en ese territorio y han sido víctimas del colonialismo norteamericano. Los norteamericanos tienen mucho que agradecer a los hispanos, ya que éstos han contribuido en gran parte al crecimiento de la economía como mano de obra barata. Los hispanos tienen derecho a hablar en su lengua y a recibir una educación bilingüe. Sufren una discriminación injusta. Deben recibir mayor

reconocimiento y tener acceso a una mayor participación en la política. Hay que tener en cuenta las diferencias entre los distintos grupos y asistirlos para que haya una mayor integración entre ellos.

8.11 Consolidación Answers

1 México, distrito federal, es la ciudad más poblada del mundo.
2 Diego Rivera es probablemente uno de los pintores más famosos en Latinoamérica.
3 Las canciones de los mariachis son menos populares que las de salsa.
4 La receta del "Pan de muerto" es una de las más fáciles de la comida mexicana.

8.12 *La historia de Juan* (✓)

8.12A Answers

Salí de Chiapas, un estado del sur de México, el 3 de septiembre de 1998. No sabía el (1) **viacrucis** que me esperaba. Mi familia era muy pobre y yo me había quedado sin trabajo. Decidí irme para el norte. No sabía que me esperaba un viaje de casi 4.000 kilómetros y varios días, en el que muchos perderían la vida. Por ello, tuve que tomar un tren que atraviesa el país y que es (2) **asaltado** por numerosos bandidos que (3) **acechan** y frecuentemente asaltan los (4) **convoyes** a cuchillo en los (5) **tramos** más desprotegidos del recorrido. Vagón por vagón (6) **arrebatan** a los pasajeros dinero, relojes, carteras, zapatos o ropa. No hay (7) **piedad** y quien se resiste es apuñalado o (8) **arrojado** a la vía. Yo tuve suerte y no me pasó nada. Me escondí bajo un asiento y no dormí nada en todo el (9) **recorrido**. Después cuando los trenes (10) **descargaron** a los últimos pasajeros, tuvimos que (11) **afrontar** la segunda parte del (12) **calvario**: cruzar la línea divisoria, de cerca de 3.000 kilómetros con EE.UU., desde Tijuana, Baja California, Matamoros o Tamaulipas. Desde 1996 hasta la fecha han muerto más de 1.200 personas al intentarlo. (13) **Ahogados** en el Río Grande, congelados en las montañas, muertos de (14) **inanición** en accidentes o víctimas de las bandas de delincuentes. Los *polleros*, que te ayudan a pasar la frontera, cobran de 800 a 1.200 dólares por persona. Yo tuve mucha suerte pero casi me dejé la vida en el (15) **intento**. Me pasó un chofer en el baño de su troca, íbamos cuatro y nos faltó poco para morir asfixiados. La (16) **inspección** fue muy dura pero no nos descubrieron. Otros no fueron tan afortunados. Ahora vivo en Texas, tengo mi propio restaurante de (17) **comida** mexicana y vivo feliz con mi familia.

8.12 Consolidación Answers

1 habrá
2 va a desaparecer
3 serán
4 podrán
5 se va a resolver
6 hablará
7 cambiará
8 va a disminuir

AS Assessment unit

We have included this unit to help:

- teachers who may wish to set an end-of-year exam along the lines of the material they and their students have worked through during the course;
- students who are preparing for an AS Level exam in Spanish and want to practise some 'mock' tasks.

To allow all students to attempt question types which are close to, if not identical with, those set by their own examining consortium, we have provided some alternative question types from which you are free to choose.

In the first module, Speaking, you can choose either task S1 or S2, and then either S3 or S4. In the second module, Mixed skills Listening/reading/writing, you can choose either task L1 or task L2, but you should attempt all the other tasks (R1, L3, L4, R2 and W1). In the third module, Mixed skills Reading/writing, you should attempt R1 and W1 but can choose either task R2 or task R3.

To ensure that choosing like this does not skew the mark totals, we have made all alternative questions of equal value.

We have indicated in the tasks how the marks will be allocated. Look at the numbers in square brackets. If, for example, you see [*10 puntos*] and there are ten questions or gaps, you can assume there is one mark for each item correctly answered.

Please feel free to work through all the alternative exercises if you feel the practice would be useful but, to help you to get some idea of likely outcomes in the official exam, you would be wise to use these alternative items separately.

To help you to gain a rule-of-thumb idea as to marks/performance, keep the following numbers in mind. They will not be 100% accurate for each Board, but they will give you a quick, useful idea as to levels:

40% = Grade E
50% = Grade D
60% = Grade C
70% = Grade B
80% = Grade A

If, for example, in one of the assessment papers that follow, you have obtained approximately 70% of the marks available, this suggests a 'solid' B in that paper. Do remember that this AS assessment unit can only be an approximate guide to likely exam performance. All sorts of factors can have an effect on the results, such as:

- mood/health on the day
- the amount of time allowed
- subjective interpretation of attempted answers.

Speaking module

Role play A

5 minutes, with 20 minutes' preparation time.
Choose task S1 or task S2.

S1

You should begin the task by asking the two questions. You can then continue to complete the task in whatever order you prefer. Use the English text as a factual basis for your replies, but you will also need to use your imagination to react to questions and comments.

La situación

Trabajas en un proyecto de hermanación del pueblo de Bury St Edmunds, en el condado de Suffolk, con un pueblo en España. Se está organizando una visita a Bury St Edmunds, de un grupo de adultos del pueblo español. Como hablas bien castellano, te han enviado a España para ayudar a organizar las excursiones.

La tarea

Durante tu visita a España, hablas con el/la organizador(a) español(a) sobre posibles excursiones para la próxima visita de los españoles.

Primero debes preguntar:

1 el número de personas en el grupo que vendrá a Inglaterra
2 el tipo de excursiones que podrían gustarles.

Has llevado un folleto publicitario de Ickworth, y te parece que una visita allí sería una excursión excelente para los visitantes españoles, ya que hay muchas cosas para ver. El/la organizador(a) español(a) te hará unas preguntas a las cuales debes contestar, utilizando como base la información del folleto. Tienes que explicarle:

* dónde está Ickworth
* lo que se puede ver y hacer allí
* las horas de apertura, los precios para grupos, y el servicio de hostelería.

Durante la conversación se hablará también de:

* tu opinión sobre por qué, en general, a la gente le gusta hacer visitas como ésta. El/la organizador(a) español(a) tiene dudas. Debes convencerle/la de que Ickworth sería de interés para los miembros del grupo.

THE NATIONAL TRUST

Welcome to

Ickworth
House, Park & Gardens

The Perfect Day Out

Ickworth has something for everyone: an exciting play area, a trim trail, a family cycle route, a plant centre, enchanting gardens, woodland walks, an excellent (licensed) restaurant, a well stocked shop, and a house with a fascinating history and exquisite collections.

Opening times for 2000

House:
18 March–29 October
Daily, except Monday and Thursday (open Bank Holiday Mondays) 1.00–5.00pm – last admission 4.30pm (House closes at 4.30pm in October)

Garden:
18 March–29 October Daily 10.00am–5.00pm, last admission 4.30pm
30 October–March 2001 Daily except Saturday and Sunday 10.00am–4.00pm
(closed Christmas Day)

Park:
Daily except Christmas Day 7.00 am–7.00 pm

Shop & Restaurant:
18 March–29 October Same days as House 12.00pm–5.00 pm
Also, weekends in November & December until 17 December, then 18,19,20 & 21 December 11.00am–4.00pm

Prices:
House, Park & Gardens – Adults £5.50, Child £2.40
Discounts for families and pre-booked groups over 12.
Park & Gardens only (includes access to shop and restaurant) – Adults £2.40, Child 80p
National Trust Members and under 5s – Free
Ickworth has a full Events Programme for 2000. Please ask for a leaflet.

Ickworth House, Park & Gardens
Horringer, Bury St Edmunds,
Suffolk. IP29 5QE
General Enquiries: 01284 735270 Fax: 01284 735175
E-mail: aihusr@smtp.ntrust.org.uk
Website: In preparation
Shop: 01284 735362
Restaurant: 01284 735086

Happy to help
Drop off point at front door

Orange badge parking

Wheelchairs welcome (National Trust wheelchairs in house)

Ramp to front door

Accessible lavatory

Braille guide to house

Tactile Tour (self-guided) and Handling Boxes available in house on request

Baby changing room

Free use of Batricars in Park & Gardens (restricted access in the House for large powered vehicles/chairs)

Good routes for prams, wheelchairs & Batricars (map available)

Due to the structure of the House, access for disabled visitors is limited in some areas. We realise this is not ideal and are constantly trying to improve facilities. The first floor is accessible by lift (one small wheelchair) and the basement by stairlift (wheelchair users transfer from their chair to the stairlift). Fire and evacuation regulations allow only one wheelchair on the first floor at any one time.

Ickworth House, Park & Gardens

Ickworth is one of the most unusual and most surprising of National Trust properties, an elegant Italianate House and Gardens set within spectacular English parkland.

The estate, which today comprises 1,800 acres, was owned by the Hervey family from the middle of the fifteenth Century to the middle of the twentieth Century. It is now preserved for the enjoyment of everyone, for ever, by the National Trust.

Ickworth House

The present house at Ickworth was begun in 1795, the creation of a famously eccentric Hervey: Frederick, 4th Earl of Bristol and Bishop of Derry. Inspired by Italy, Ickworth's extraordinary central Rotunda and curving wings were intended to house treasures the Earl Bishop collected from all over Europe. Today, the magnificent state rooms display Old Master paintings, including works by Titian, Velasquez and Gainsborough. Ickworth is also noted for its Georgian silver and Regency furniture.

The Gardens

The gardens surrounding the House were created in the first half of the nineteenth century by the First Marquess of Bristol. Those in the formal Italian style to the south of the House feature the Gold and Silver Gardens, a Victorian Stumpery and the Temple Rose Garden. A raised terrace walk separates the south garden from the park. Beyond the church are the remnants of an eighteenth century garden created by the First Earl. His summer-house (circa. 1703) and ornamental canal still survive. The kitchen garden, protected by high brick walls, is now a vineyard producing Ickworth Wines (available in the National Trust Shop).

The Park

The extensive wooded parkland, created in part by Capability Brown, is a living landscape rich in plant, animal and bird life. Some parts are cultivated and grazed (please keep your dog on a lead near livestock) yet much can be explored and enjoyed. The Park offers space and freedom and is managed by the National Trust to respect the needs of all its users and inhabitants, animal and man.

Discover Ickworth

Woodland Walks

••••• The Grand Tour *Red*

Seven miles. Pass Ice House Hill, along the River Linnet to the White House. Into the woods and through Chevington Iron Pillars to the Obelisk. Back to the main drive via the Fairy Lake.

▪▪▪▪ Rotunda Walk *Blue*

Four miles with views of the Rotunda. Passing the church, vineyard, canal, Summer House and Fairy Lake.

– – – – Albana Walk *Orange*

Two miles. Ancient oaks in woodland, Yew tree avenues, deer enclosure with viewing hide.

Short Walks

▲▲▲▲▲ Lady Geraldine's Walk

³/₄-mile circular, edge-marked walk planted with fragrant shrubs

••••••• Terrace Walk

¹/₂-mile

+ + + + Canal Walk

1¹/₂ miles

Family Cycle Route

o o o o o o **2¹/₂ miles.** Various surfaces, hard and soft. Some steep gradients. Helmets and adult supervision advised.

Emergency?

In the event of an emergency or accident, please come to the front entrance of Ickworth House. If closed, please ring the bell for help.

Way marked field margins may also be walked. Access has been made possible through funding by the Countryside Stewardship Scheme

Legend

- ℹ Information Point
- P Parking
- 🚻 Lavatories★
- ♿ Disabled Access★
- 🍴 Restaurant★
- 🛍 Shop★
- Batricar available★
- ✚ First Aid, basic facilities★
- 🐕 Dogs Allowed
- Plant Centre
- Play Area
- River
- Water
- ✝ Church
- Metalled Road
- ■ Building
- ✕ Gate or Stile
- ★Facilities available in house

S2

You should begin the task by asking the two questions. You can then continue to complete the task in whatever order you prefer. Use the English text as a factual basis for your replies, but you will also need to use your imagination to react to questions and comments.

La situación

Trabajas en un proyecto de hermanación de la ciudad de York con una ciudad en España. Se está organizando una visita a York de un grupo de adultos de la ciudad española. Como hablas bien castellano, te han enviado a España para ayudar a organizar las excursiones.

La tarea

Durante tu visita a España, hablas con el/la organizador(a) español(a) sobre posibles excursiones para la próxima visita de los españoles.
Primero debes preguntar:

1 el numéro de personas en el grupo que vendrá a Inglaterra
2 el tipo de excursiones que podrían gustarles.

Has llevado un folleto publicitario de Castle Howard, y te parece que una visita allí sería una excursión excelente para los visitantes españoles, ya que hay muchas cosas para ver. El/la organizador(a) español(a) te hará unas preguntas a las cuales debes contestar, utilizando como base la información del folleto. Tienes que explicarle:

- dónde está Castle Howard
- lo que se puede ver y hacer allí
- las horas de apertura y los precios para grupos.

Durante la conversación se hablará también de:

- tu opinión sobre por qué, en general, a la gente le gusta hacer visitas como ésta. El/la organizador(a) español(a) tiene dudas. Debes convencerle/la de que Castle Howard sería de interés para los miembros del grupo.

Castle Howard

York YO60 7DA
(15 miles from York off the A64)

Spectacular historic house designed by Vanbrugh in 1699. Film location for 'Brideshead Revisited'. Magnificent Great Hall and beautiful rooms filled with fine furniture, important works of art and family treasures. Superb rose gardens and grounds, scenic lake (with Victorian-style boat), ornamental woodland, licensed cafeterias, plant centre and large adventure playground.

Opening Times:
12 March–31 October
Grounds and gardens: from 10am
House: from 11am
Last admission 4.30pm
Grounds open most days in winter.
Telephone for details

Admission:
Adults: £7, Senior Citizens/Students: £6.50, Children: £4.50

Telephone: (01653) 648333

Role play B

5 minutes, with 20 minutes' preparation time.
Choose task S3 or task S4.

S3

You should begin the task by asking the two questions. You can then continue to complete the task in whatever order you prefer. Use the English text as a factual basis for your replies, but you will also need to use your imagination to react to questions and comments.

La situación

Vives en el condado de Cambridgeshire. Tienes en casa a una familia de amigos españoles. Durante su visita queréis hacer unas excursiones.

La tarea

Habéis visitado ya algunos monumentos y por eso buscas algo un poco diferente: hablas con el padre español/la madre española (el/la examinador/a).
Primero debes preguntar:

1 el tipo de excursión que podría gustarles
2 lo que les gustaría hacer durante la excursión.

Has encontrado un folleto publicitario de Wimpole Home Farm. Estás seguro/a de que una visita a Wimpole Home Farm les gustaría mucho a tus amigos españoles. El padre/la madre te hará unas preguntas, a las cuales debes contestar, utilizando como base la información del folleto. Tienes que explicarle:

• lo que se puede comprar allí
• lo que se puede ver y hacer allí
• dónde está Wimpole Home Farm y las horas de apertura de las atracciones.

Durante la conversación se hablará también de:

• cómo organizar la excursión (comidas, actividades, etc.)
• por qué crees que esta visita les gustaría a tus amigos. El padre/la madre tiene dudas. Debes convencerle/la de que Wimpole Home Farm tiene interés para todos ellos.

WIMPOLE HOME FARM

Arrington, Nr Royston, Cambs SG8 0BW
Telephone 01223 207257

Wimpole is a working farm and is the largest rare breeds centre in East Anglia. The farm began as a model farm in 1794. Home Farm is a favourite for adults and children alike.

- Many rare breeds, Bagot goats, Tamworth pigs, Soay sheep and Longhorn cattle
- Pets' corner
- Mini pedal tractors
- Children's adventure playground

At Home Farm there's an adventure around every corner. Animals to see, touch and feed – some of them rare breeds. Climb, slip and slide at the Adventure Playground, ride in a horse drawn wagon and enjoy 500 acres of space with the freedom to explore the park and miles of woodland walks. See how many of the farm cats you can spot – often in unexpected places! It's probably the most complete family day out you could choose.

Plan to visit the magnificent hall – there's a joint ticket offering great value.

As seen on BBC's Countryfile and Children in Need

- Historic Great Barn designed by Sir John Soane
- Victorian dairy
- Refreshments area
- Children's publications
- Lambing weekends in March & April and other special events

LOCATION: 8 miles SW of Cambridge (A603), 6m N of Royston (1196). Junction 12 of the M11. 30 minutes from A1(M).

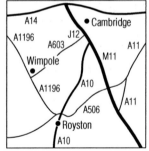

OPEN: 8 March to 5 Nov: daily except Mon & Fri (but open Good Fri & BH Mons). Additional opening every Fri in July & Aug 10.30–5.
Nov to March: Sat & Sun (closed 24 Dec but open Feb half-term week).

EVENTS: 25/26 March, 1/2, 8/9 April lambing weekends; 3 Sept, heavy horse show; tel. for details.

Light refreshments as farm 11–5. Nov to March open 11–4.

Children's birthday parties catered for.

ADMISSION: NT members £2.50, children £1.50. Non-members £4.70. Children (over 3) £2.70. Adult party rate (12+) £3.70, child party rate £2.20, please book with s.a.e. to Property Manager, Wimpole Hall.
Estate ticket for hall & farm £8.50, child £4.
School parties welcome (Education Group members £1.50 per child). Estate family ticket (2 adults and up to 3 children) £21. Parking 400m from farm.

S4

You should begin the task by asking the two questions. You can then continue to complete the task in whatever order you prefer. Use the English text as a factual basis for your replies, but you will also need to use your imagination to react to questions and comments.

La situación

Vives en el condado de Yorkshire y tienes en casa a una familia de amigos españoles.
Durante su visita queréis hacer unas excursiones.

La tarea

Habéis visitado ya algunos monumentos y por eso buscas algo un poco diferente: hablas con el padre español/la madre española (el/la examinador/a).
Primero debes preguntar:

1 el tipo de excursión que podría gustarles
2 lo que les gustaría hacer durante la excursión.

Has encontrado un folleto publicitario de North Yorkshire Moors Railway. Estás seguro/a de que una visita a North Yorkshire Moors Railway les gustaría mucho a tus amigos españoles. El padre/la madre te hará unas preguntas, a las cuales debes contestar, utilizando como base la información del folleto. Tienes que explicarle:

* lo que hay de especial en North Yorkshire Moors Railway
* lo que se puede ver y hacer allí
* dónde está North Yorkshire Moors Railway y las horas de apertura.

Durante la conversación se hablará también de:

* cómo organizar la excursión (comidas, actividades, etc.)
* por qué crees que esta visita les gustaría a tus amigos. El padre/la madre tiene dudas. Debes convencerle/la de que North Yorkshire Moors Railway tiene interés para todos ellos.

Nota: steam train = *locomotora (f) de vapor*

NORTH YORKSHIRE MOORS RAILWAY

Pickering Station, Pickering YO18 7AJ
(In Pickering off A170)

Enjoy an 18-mile journey on the country's favourite steam railway, between Pickering and Grosmont near Whitby, through the heart of the North York Moors National Park.

The route offers outstanding scenery with sweeping moorland, woodlands, waterfalls and the beautiful Newton Dale valley. Stop off at Levisham, Newton Dale Halt or Goathland and explore a waymarked walk, or travel in style with pre-booked lunch or dinner aboard our dining trains.

Opening Times:
20 March–31 October: daily
Winter openings – ring for details.

Telephone: (01751) 472508

Mixed skills module 1

Listening, Reading and Writing
[1 hour 30 minutes] [75 marks]
Choose task L1 or task L2.

L1 *¿Ves mucho la televisión?*

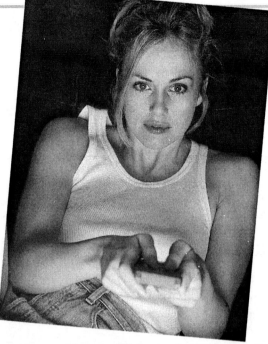

L1A
Escucha a Isabel con atención y rellena los espacios en blanco. (No necesitas escribir frases completas.)

1	Cuánto ve la televisión. [1]	
2	Cuándo la ve. [1]	
3	Detalles sobre lo que le gusta ver. [3]	
4	Detalles sobre lo que no le gusta ver. [3]	
5	Lo que hace cuando no la ve. [2]	

[10 puntos]

L1B
Aquí tienes el texto de lo que dice Isabel. Escúchala otra vez y rellena los espacios con las palabras que faltan.

Oh, bueno, yo soy una auténtica forofa de los programas **1** ......: de los telediarios, de los programas **2** ...... la actualidad, er ... de todo tipo de documentales. Los veo sobre todo cuando llego a casa por la noche. También veo las noticias **3** ...... con los deportes: también todo tipo de deportes: baloncesto, fútbol ... er ..., natación. Y las tertulias también me gustan. **4** ...... las ... las que son de tema político, que son bastante **5** ......, a veces. Pero sí, las veo. Pero lo que no **6** ...... son estos programas importados, americanos, de bajísima calidad llamados ... en España los llamamos "reality shows" y alguna gente los **7** ...... *telebasura*. Y están basados en una curiosidad morbosa **8** ...... los problemas o las tragedias de la gente. Er ... gente va allí y explica los problemas que tiene. Pero, si te digo la verdad, muchas veces me **9** ...... un buen libro o escucho una buena **10** ...... de clásica, de música clásica.

[10 puntos]

¡Sigue! 1 Segunda edición

L2 *Accidentes de tráfico*

L2A

Escucha este reportaje sobre los accidentes de tráfico e indica con ✓ o ✗ si los puntos de información se mencionan o no.

1 El pasado fin de semana 94 personas estuvieron involucradas en accidentes de carretera. ☐

2 La mayoría de los accidentes se produce en las autopistas. ☐

3 Hay más accidentes durante los meses de junio, julio y agosto. ☐

4 Muchos accidentes se producen durante los trayectos cortos. ☐

5 La presencia de la policía en las carreteras ayuda a reducir las incidencias de accidentes en los días punta. ☐

6 Los accidentes de carretera cuestan mucho en lo que se refiere a los servicios de urgencias. ☐

7 Más de una cuarta parte de los accidentes se produce durante las horas de tráfico menos intenso. ☐

8 Los conductores a veces no tienen póliza de seguros. ☐

9 Después de tomar bebidas alcohólicas la posibilidad de tener un accidente de tráfico aumenta. ☐

10 La policía está a favor de las pruebas de alcoholemia. ☐

11 Los controles de alcoholemia disuasorios son un método muy fácil de reducir el número de accidentes. ☐

12 Hay algunas autoridades municipales que no han introducido las pruebas de alcoholemia porque no son muy populares. ☐

[12 puntos]

L2B

Busca en el texto la palabra o frase española que significa:

1 fatal ......
2 el número de accidentes ......
3 viajes ......
4 los accidentes ......

5 trágico ......
6 enterado ......
7 disuasivo ......
8 se opongan a ......

[8 puntos]

R1 *El consumo de la droga*

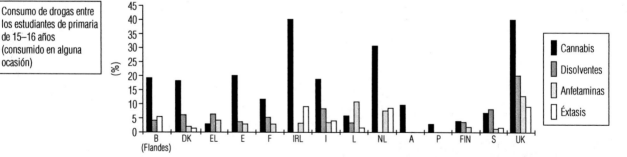

Consumo de drogas entre los estudiantes de primaria de 15–16 años (consumido en alguna ocasión)

Cannabis
Disolventes
Anfetaminas
Éxtasis

R1A

Estudia el gráfico y lee el párrafo siguiente. Rellena cada espacio con el porcentaje correcto.

| 3 9 13 20 30 40 |

Entre los adolescentes de 15 y 16 años, el consumo de cannabis varía del 3–4% (Finlandia y Portugal) al **a** ......% (Irlanda y Reino Unido). En la mayoría de países, los disolventes son la segunda sustancia más común, cuyo consumo oscila entre el **b** ......% aproximadamente (Bélgica, Luxemburgo y España) y el **c** ......% del Reino Unido. Del 2 al **d** ......% de los adolescentes de 15 y 16 años han consumido anfetaminas y del 1 al **e** ......% éxtasis.

[5 puntos]

R1B

Lee las frases 1–5. Decide si cada una es verdadera (V) o falsa (F), refiriéndote al gráfico anterior.

1 El porcentaje de los jóvenes que consumen cannabis en el Reino Unido es el doble, aproximadamente, del de España. ☐

2 El consumo de disolventes en España es mayor que en el Reino Unido. ☐

3 Los países que muestran el menor índice de experimentación con drogas son Austria y Portugal. ☐

4 En cada país europeo, el consumo de cannabis es mayor que el de cualquier otra droga. ☐

5 El porcentaje de jóvenes que han probado la droga en el Reino Unido es menor que en España. ☐

[5 puntos]

L3 *¿Qué es una droga?*

L3A
Escucha la primera parte de la entrevista "¿Qué es una droga?" y completa la tabla.

Drogas psicotrópicas que actúan sobre el sistema nervioso central		
depresores	**estimulantes**	**perturbadores**

el alcohol   las anfetaminas   la cafeína   el cannabis   la morfina   la mescalina   el hachís   la heroína   el LSD   la marihuana
el opio   los sedantes   el tabaco   la cocaína

[7 puntos]

L3B
Escucha la segunda parte de la entrevista y elige la palabra correcta de la casilla para completar cada frase.

1 Los opiáceos y las anfetaminas son tipos de drogas ....
2 Estas drogas en dosis menores son ....
3 Experimentar con la heroína lleva, en poco tiempo, a ....
4 Es muy difícil saber cómo una persona ...... a una droga.
5 La clasificación de drogas en "legales" e "ilegales" es ....
6 Esta clasificación no tiene nada que ver con la ...... de la droga.
7 El alcohol es una droga dura pero al mismo tiempo ....
8 La ilegalidad de ciertas drogas se debe a factores ....

arbitraria blandas dependencia difícil
duras ilegal legal muerte peligrosas
políticos prohibición reaccionará sanitarios
tomará toxicidad

[8 puntos]

L4 *Para organizar una reunión*

Trabajas en la sede central de una compañía de transporte automático en Reus, Cataluña. Tu directora te pasa este memo: léelo y escucha el mensaje en el contestador automático. Apunta en español las respuestas a las tres preguntas del memo.

Nos va a llamar Alonso, acerca de la reunión. Necesitamos saber lo siguiente:

• ¿Cómo y a qué hora van a llegar los señores Aznar, Cortés y González?

• ¿A qué hora empieza la reunión? En la agenda, dice simplemente "mañana".

• ¿Cuál es el nuevo número de teléfono de Alonso? Creo que se lo ha cambiado.

Gracias. Pasa una copia también al Señor Bennison, el nuevo director del departamento de transporte al extranjero.

[6 puntos]

R2 *Traducir una carta*

El nuevo director de transporte al extranjero, el señor Bennison, te pasa esta carta que acaba de recibir, y te pide una traducción al inglés. Tu versión debe contener todos los detalles de la carta, sin traducirla necesariamente palabra por palabra.

Señor Bennison
Director de Transporte al Extranjero
Rápitrans
REUS

Muy señor mío:

Acusamos recibo de su carta con fecha 30 de junio. Perdone que hayamos tardado tanto en contestar, pero hemos estado ocupadísimos y nos faltan servicios de secretaría en este momento.

Confirmo que mi compañero, el señor Gutiérrez, y yo asistiremos a la reunión en Reus el 21 de julio. Muchísimas gracias por la invitación a cenar – ¿nos pueden reservar dos habitaciones para dos noches (el 21 y la noche anterior) en algún hotel cerca de su oficina? Por favor, si es posible que tenga ascensor: el señor Gutiérrez se ha roto el tobillo y tiene que andar con muletas. Por eso, también necesitamos una plaza del aparcamiento muy cerca de la entrada de la oficina. Como va a ser nuestra primera visita a Reus, no conocemos bien la ruta: ¿cuál es la mejor de aquí a allí? Normalmente bajaríamos a Miranda de Ebro para coger la autovía pero me dicen que hay desviaciones y atascos horribles en los alrededores de Zaragoza. ¿Sería mejor ir a Pamplona y luego venir por la montaña? ¿Nos puede mandar también una copia de las actas de la reunión del 28 de marzo, que tuvo lugar en Madrid? ¡No conseguimos encontrarlas!

A la espera de sus noticias, les saludamos muy atentamente,

Íñigo Albarín

Íñigo Albarín

[12 puntos]

W1 *Respuesta a la carta*

El señor Bennison, que no escribe bien el castellano, te pasa este memorándum. Escribe la carta que te pide.

Memorandum

Can you please write to Señor Albarín, enclosing the documentation he asked for and a street-map of Reus. Explain that there are roadworks in the centre, with long queues of traffic in the morning and evening rush-hours, so it would be better to arrive later, after eight. The mountain route will have a lot of tourist traffic, so we recommend the motorway.

We've made a booking for him and his colleague for two nights at the Hotel Tarragona – they'll send him a brochure direct. Ask him to let us have details of his car (make, colour and registration number), and we will reserve him a space in the underground car-park. We also do have a lift here in the office, so that won't be a problem.

[12 puntos]

Mixed skills module 2

Reading and Writing

[1 hour 30 minutes] [60 marks]

R1 *Los alumnos españoles y el tabaco*

R1A

Lee los resultados de una encuesta sobre el consumo del tabaco entre los alumnos españoles, y completa la siguiente tabla con la información que falta.

El 70 por ciento de los estudiantes de secundaria en España han probado el tabaco y esta cifra llega al 45 por ciento entre los escolares de E.G.B. De forma muy frecuente o diaria encontramos unas cifras de consumo de un treinta por ciento entre los alumnos de B.U.P, y un 7-8 por ciento de los de E.G.B. El mayor porcentaje de consumidores se encuentra entre las chicas, significativamente, aunque los grandes fumadores en cuanto a cantidad son los chicos. Éstos consumen un cigarrillo la primera vez y más de dos la segunda cuando se trata de alumnos de E.G.B. Los alumnos de B.U.P. fuman de promedio dos cigarrillos la primera vez y cinco cigarrillos la segunda vez.

Los estudiantes de secundaria se inician en el consumo a una edad aproximada de 13 años, y los de primaria lo hacen a los doce. Los que trabajan y los que ayudan en sus casas, manifestaron mayor tendencia a consumir tabaco. Los mayores consumidores estaban entre los inestables emocionales y los extrovertidos.

El tabaco	B.U.P.	E.G.B.
probado por	1 ......%	2 ......%
consumo frecuente/diario	3 ......%	4 ......%
edad de inicio	5 ...... años	6 ...... años
cantidad	1era vez 7 ......, 2ª vez 8	1era vez 9 ......, 2ª vez 10 ......
chicos/chicas	más 11 ...... lo prueban, pero los 12 ...... consumen más	
factores económicos	los que cobran dinero, o en casa, o trabajando fuera	
perfil psicológico	13	14 ......

[7 puntos]

R1B

Aquí tienes otras formas de expresar la información del texto. Completa las frases con las palabras de la casilla. Sobran dos.

1 El setenta por ciento de los alumnos de bachillerato han ...... el tabaco.
2 La edad de ...... es entre los doce y trece años.
3 El consumo diario o muy frecuente ha ...... de siete a ocho por ciento entre alumnos de E.G.B.
4 Las chicas son las consumidoras más ....
5 El hecho de ganar algún dinero ...... significativamente el consumo.
6 Podemos concluir que un mayor poder ...... favorece la entrada al consumo.
7 El nivel socio-económico de las familias se ...... en la clase baja o media.
8 El rasgo de personalidad más manifiesto entre los consumidores frecuentes ha sido o la inestabilidad emocional o la ....

| sido extroversión iniciación estado adquisitivo facilita consumido localiza frecuentes probado |

[8 puntos]

W1 *Los alumnos españoles y el alcohol*

Estudia la siguiente tabla de datos sobre el consumo del alcohol, y escribe un párrafo en español resumiendo los resultados. Utiliza el texto del ejercicio R1A y las frases de R1B para ayudarte.

El alcohol	B.U.P.	E.G.B.
probado por	93%	82%
consumo frecuente/diario	9%	5%
edad de inicio	10–13 años	10–13 años
cantidad	botella de "tercio" de cerveza	vaso de cerveza
en estado de embriaguez	una vez: 15%; dos veces 5%; tres + veces 4%	
chicos/chicas	mayor consumo/frecuencia entre los chicos	
factores económicos	más consumo entre los hijos de padres con categorías profesionales bajas y medias	
perfil psicológico	inestabilidad emocional, tendencia a la angustia, a la ansiedad; excesiva sociabilidad, impulsividad, tendencia fácil a la acción	

[30 puntos]

Choose task R2 or task R3.

R2 *Cómo estudiar mejor*

R2A

Lee el texto, luego escribe V, F o ? para cada frase.
V = está claramente de acuerdo con el texto
F = contradice claramente el texto
? = no se puede juzgar si está de acuerdo con el texto o no

1 Es mejor estudiar escuchando tu disco preferido. ☐
2 Si puedes, estudia con un(a) amigo/a – podéis ayudaros. ☐
3 Un horario de estudiar te ayudará a planificar el trabajo. ☐
4 Hay que estar lo más cómodo posible, por ejemplo tumbado en el suelo. ☐
5 No es bueno trabajar sin pausa. ☐
6 Un límite de dos asignaturas cada tarde es razonable. ☐
7 No vale la pena escribir apuntes una vez finalizado un tema. ☐
8 El día del examen es importante comer un buen desayuno. ☐

[8 puntos]

Pistas que conducen al éxito

Hay una serie de consejos que ayudan a la hora de preparar un examen:

1. Un lugar adecuado para estudiar, con buena luz, sin ruidos, para poder aislarnos de lo que sea motivo de distracción. La habitación debe estar ventilada y con una temperatura media, ni muy fría ni muy caliente.

2. La posición en la que se estudia también es importante, ni demasiado cómoda (tumbado), ni demasiado incómoda.

3. Conviene fijar un horario para adquirir un buen ritmo de estudio.

4. Por cada hora de estudio hay que tomarse un período de descanso de 10 min.

5. Estudiar comprendiendo, haciendo esquemas, subrayando puntos básicos. No caer en el error de memorizar de carrerilla.

6. Planificar de antemano el tiempo de estudio evitará estresarse y permitirá tener tiempo para otras actividades.

7. Una vez finalizado un tema, hacer un resumen por escrito o grabar en una cinta de casete para comprobar si se sabe expresar lo estudiado.

8. El día antes del examen hay que hacer un repaso general de las ideas clave. Pero lo más importante es relajarse y acostarse temprano.

9. A la hora de presentarse al examen no conviene dejarse llevar por el pesimismo y los nervios. Nunca hay que perder oportunidades.

10. Antes de comenzar a escribir, hay que leer bien las preguntas. No hay que atropellarse, es mejor escribir menos, pero con las cosas claras.

R2B

El texto *Estudiante 10* consta de siete párrafos (a–g). Lee el texto, luego empareja los adjetivos con los párrafos.

dedicado organizado pragmático enfocado cortés efectivo elocuente

[7 puntos]

Estudiante 10

a Sabe rentabilizar el tiempo empleando buenas técnicas de estudio.

b Está motivado y le interesa lo que estudia.

c Presta atención y sabe concentrarse.

d Es realista y conoce cuáles son sus capacidades y sus limitaciones y sabe ponerse metas razonables para no desanimarse.

e Se pone plazos y estudia todos los días. Nunca deja las cosas para el último momento y repasa lo aprendido.

f Es capaz de expresar, tanto oral como por escrito, lo aprendido. Entiende lo que expresa.

g Es respetuoso con sus profesores y también sabe ser buen compañero.

R3 *Juegos electrónicos*

La edad del juego

Los juegos electrónicos triunfan entre los niños. Éstas son sus ventajas y sus inconvenientes.

Los juegos electrónicos, los ordenadores y los videojuegos de bolsillo han experimentado un auténtico *boom* entre la población infantil. Y, por otro lado, el afán de los padres por satisfacer a los hijos, y el poco tiempo libre del que se dispone, les inclina a adquirir juguetes que, como en el caso de los electrónicos, propician el juego individual.

Pero este tipo de juguetes también tiene ventajas. Según Rosa María Iglesias, asesora pedagógica de la Federación Mundial de Educadores Infantiles, el juego es la actividad que permite a los niños investigar, conocer el mundo que les rodea, sus propias posibilidades y sus limitaciones, desarrolla la imaginación y su capacidad de comprensión. Los juegos electrónicos, según Iglesias, desarrollan todo el ingenio e inventiva que posee el niño, y, además, poseen un claro valor social porque contribuyen a formar hábitos de cooperación, de enfrentamiento a situaciones vitales y, por tanto, a un conocimiento más realista del mundo.

Como cualquier otra actividad, hay que usarla con moderación. Los excesos siempre son malos y se debe controlar el uso que se hace del juguete y, sobre todo, la edad a la que se inician en ellos. María López Matallana, pedagoga, asegura que los niños, para desarrollarse de forma armónica, deben jugar conforme a lo que corresponde a su edad. "En mi opinión", añade, "los juegos más interesantes son los que por lo menos se realizan en pareja. Hasta los tres años recomiendo todo tipo de juguetes que impliquen la recreación de situaciones sociales (muñecas, cacharritos, coches, etcétera); más adelante, juegos de mesa, como la oca, que implican el aprendizaje de esperar turno, ganar o perder, o juegos de reglas, como el escondite, el fútbol o la cuerda. A partir de los siete años ya se pueden iniciar en los juegos de ordenador o similares, y no cabe duda de la suerte que los niños tienen al utilizar estos juguetes para abrirse camino en el mundo de la tecnología".

La doctora Marina Díaz Marsá, coordinadora del servicio de psiquiatría infantil y juvenil del hospital de San Rafael, de Madrid, ofrece otro punto de vista, basado en la opinión de que hay una excesiva preocupación por lanzar juguetes educativos de los que se tenga que sacar un rendimiento: "Los niños necesitan jugar sin más para estimular su disfrute del ocio; es una equivocación intentar hacerles los más listos, mejores y competitivos. El uso abusivo de juegos electrónicos puede producir cierta dificultad en las relaciones sociales. Al potenciar el juego individual les hace muy competitivos, creándoles una especial impulsividad. Por eso es importante su utilización racional y coherente".

Lo que hay que hacer

Hacer una buena selección del juguete, de su contenido y de la edad para que es adecuado. Dar opciones a los hijos para que se reúnan con otros niños, ya sea en la propia casa o en la de otros. Bajar con ellos al parque o apuntarles a una actividad extraescolar lúdica con libertad y de relación con los otros.

¡Sigue! 1 Segunda edición

Completa estas frases que resumen el texto, eligiendo la palabra o expresión adecuada para cada espacio en blanco.

1   Los ordenadores y los juegos electrónicos (triunfal/triunfando/triunfan) …… entre los niños.
2   Los educadores (escolar/infantiles/todas) …… hablan del juego como la actividad que permite a los niños (investigan/explora/investigar) …… el mundo y desarrollar la imaginación.
3   Pero el uso de los juegos electrónicos (sin/para/por) …… moderación puede producir (muchos/cierta/poco) …… dificultad en las relaciones sociales.
4   Para los niños pequeños es mejor que (jugar/jugaron/jueguen) …… en pareja, con juguetes que (recrearon/recrean/recrear) …… situaciones sociales, por ejemplo las muñecas.
5   Más tarde (estará/está/es) …… importante (que/qué/quién) …… aprendan a esperar turno, a ganar y perder por medio de los juegos de mesa.
6   No se aconseja la iniciación en los juegos de ordenador (para los/antes de/antes de los) …… siete años.
7   (Con/por/para) …… los padres es importante seleccionar los juguetes con cuidado.
8   (Fue/es/está) …… importante también (asegurarlos/asegurarme/asegurarse) …… de que el contenido es adecuado para la edad del (niños/hijos/niño) …….
9   Los juegos electrónicos (puede/poder/pueden) …… dar oportunidades a los niños para que se reúnan con otros niños.

[15 puntos]

AS Assessment unit
Teacher's notes, transcripts and answers

Speaking module

Role play A
S1

S1 Teacher's notes
The following is a guide to your (the 'examiner's') part in the role play. Start the task as below, and develop it according to the student's questions and contributions. The questions below are those which must be covered by the student in order to complete the task as instructed.

You are the person in charge of the exchange on the Spanish side. You are interested in options for excursions and have invited the student to discuss them.

Begin the task: *Trabajas en la organización de hermanación entre el pueblo de Bury St Edmunds, en el condado de Suffolk, y un pueblo en España. Estás en España, planificando con el/la organizador(a) español(a) las excursiones para la próxima visita de los españoles. Yo soy el/la organizador(a). Creo que tienes unas preguntas que quieres hacerme, ¿no?*

In response to the student's questions:

- There will be 25 adults in the group.
- They would like to see a stately home, further afield than Bury St Edmunds, as they have seen the sights there.

The student will suggest a visit to Ickworth. During the discussion you comment and ask questions as follows:

- Where is Ickworth?
- What are the opening times?
- What is there to see and do?
- What are the catering facilities there?
- How much does it cost and are there reductions for groups?
- What does the student think will be interesting about the visit?

To end the role play you agree that Ickworth would be a good place for an excursion and decide to include it in your visit.

S2

S2 Teacher's notes
The following is a guide to your (the 'examiner's') part in the role play. Start the task as below, and develop it according to the student's questions and contributions. The questions below are those which must be covered by the student in order to complete the task as instructed.

You are the person in charge of the exchange on the Spanish side. You are interested in options for excursions and have invited the student to discuss them.

Begin the task: *Trabajas en la organización de hermanación entre la ciudad de York y un pueblo en España. Estás en España, planificando con el/la organizador(a) español(a) las excursiones para la próxima visita de los españoles. Yo soy el/la organizador(a). Creo que tienes unas preguntas que quieres hacerme, ¿no?*

In response to the student's questions:

- There will be 25 adults in the group.
- They would like to see a stately home, further afield than York itself, as they have seen the sights there.

The student will suggest a visit to Castle Howard. During the discussion you comment and ask questions as follows:

- Where is Castle Howard?
- What are the opening times?
- What is there to see and do?
- How much does it cost and are there reductions for groups?
- What does the student think will be interesting about the visit?

To end the role play you agree that Castle Howard would be a good place for an excursion and decide to include it in your visit.

Role play B
S3

S3 Teacher's notes
The following is a guide to your (the 'examiner's') part in the role play. Start the task as below, and develop it according to the student's questions and contributions. The questions below are those which must be covered by the student in order to complete the task as instructed.

You are the father/mother of the Spanish family. You are staying with the student's family and have already been on some outings. You are wondering where to go for the next one.

Begin the task: *Vives en Cambridgeshire. Una familia española – amigos tuyos – pasa las vacaciones de verano en tu casa. Hablas con el padre/la madre sobre posibles excursiones. Yo soy el padre/la madre. Creo que tienes unas preguntas que hacerme, ¿no?*

In response to the student's questions:

- You would like to do something a bit different as you have visited a few historical places.
- You would like to eat out and buy some souvenirs.

The student will suggest going to Wimpole Home Farm. You have not visited anywhere like that before. During the discussion you comment and ask questions as follows:

- Where is Wimpole Home Farm?
- What are the opening times?
- What is there to see and do?
- What are the catering facilities there?
- Why does the student think the visit will be interesting?
- How does the student suggest organising the day?

To end the role play you agree that Wimpole Home Farm would be a good outing and agree to go.

S4

S4 Teacher's notes

The following is a guide to your (the 'examiner's') part in the role play. Start the task as below, and develop it according to the student's questions and contributions. The questions below are those which must be covered by the student in order to complete the task as instructed.

You are the father/mother of the Spanish family. You are staying with the student's family and have already been on some outings. You are wondering where to go for the next one.

Begin the task: *Vives en Yorkshire. Una familia española – amigos tuyos – pasa las vacaciones de verano en tu casa. Hablas con el padre/la madre sobre posibles excursiones. Yo soy el padre/la madre. Creo que tienes unas preguntas que hacerme, ¿no?*

In response to the student's questions:

- You would like to do something a bit different as you have visited a few historical places.
- You would like to eat out and buy some souvenirs.

The student will suggest going to the North Yorkshire Moors Railway. You have not visited anything similar before. During the discussion you comment and ask questions as follows:

- Where is the North Yorkshire Moors Railway?
- What are the opening times?
- What is there to see and do?

- What are the catering facilities there?
- Why does the student think the visit will be interesting?
- How does the student suggest organising the day?

To end the role play you agree that the North Yorkshire Moors Railway would be a good outing and agree to go.

Mixed skills module 1

L1 *¿Ves mucho la televisión?*

L1 Transcript

Isabel Oh, bueno, yo soy una auténtica forofa de los programas informativos: de los telediarios, de los programas sobre la actualidad, er … de todo tipo de documentales. Los veo sobre todo cuando llego a casa por la noche. También veo las noticias relacionadas con los deportes: también todo tipo de deportes: baloncesto, fútbol, natación. Y las tertulias también me gustan, incluso las…, las que son de tema político, que son bastante aburridas, a veces. Pero sí, las veo.

Lo que no soporto son estos programas importados, americanos, de bajísima calidad llamados … en España los llamamos los "reality shows" y alguna gente los llama *telebasura*. Y están basados en una curiosidad morbosa por los problemas o las tragedias de la gente. Er … la gente va allí y cuenta los problemas que tiene. Pero, si te digo la verdad, muchas veces me cojo un buen libro o escucho una buena pieza de clásica, de música clásica.

L1A Answers

1 bastante
2 cuando llega a casa por la noche
3 programas informativos (telediarios, programas de actualidad, documentales)
deportes
tertulias
4 los 'reality shows'
basados en una curiosidad morbosa por problemas/tragedias
la gente cuenta los problemas
5 lee un libro
escucha música

[10 puntos]

L1B Answers

1 informativos 2 sobre 3 relacionadas
4 incluso 5 aburridas 6 soporto 7 llama
8 por 9 cojo 10 pieza

[10 puntos]

L2 *Accidentes de tráfico*

L2 Transcript

Algo hay que hacer para reducir los accidentes de tráfico. El pasado fin de semana ha sido nefasto para los conductores españoles: 56 personas murieron y 38 sufrieron heridas de gravedad en las carreteras. Los índices de siniestralidad aumentan durante el verano, pero no tanto por los desplazamientos largos que coinciden con las operaciones salida y retorno, como por los trayectos cortos: cuando la gente sale a divertirse y acaba estrellándose. La prevención y las recomendaciones reiteradas año tras año, la presencia de más policía en las carreteras y la lentitud del tráfico consiguen que se reduzcan los accidentes en los días punta. Sin embargo, después disminuye la atención de los conductores y la presión de la Guardia Civil. Esta tendencia en los siniestros se viene observando desde hace varios años, pese a las agresivas campañas de la Dirección General de Tráfico (DGT). ¿No debería invertir más dinero en vigilar las carreteras y tomar otras medidas en vez de emitir tanto anuncio luctuoso? Las estadísticas persisten también en señalar un hecho llamativo. El 28% de los accidentes se produce entre las dos y las diez de la mañana, pese a que son horas de tráfico mucho menos intenso: muchos conductores no están concienciados de que el alcohol multiplica las posibilidades de tener un accidente. Pero es un mal que se ataja fácilmente, estableciendo controles de alcoholemia disuasorios en las zonas clave de las ciudades, que todo el mundo conoce. Sorprende que muchas autoridades municipales se resistan a poner en práctica esta medida que, si bien puede parecer impopular, dejaría de serlo cuando se comprobara que con ella disminuye el número de muertos.

L2A Answers

1✓ 2✗ 3✓ 4✓ 5✓ 6✗ 7✓ 8✗ 9✓ 10✗
11✓ 12✓

[12 puntos]

LB2 Answers

1 nefasto
2 Los índices de siniestralidad
3 desplazamientos
4 los siniestros
5 luctuoso
6 llamativo
7 disuasorio
8 se resistan a

[8 puntos]

R1 *El consumo de la droga*

R1A Answers

a40 **b**3 **c**20 **d**13 **e**9 (30 = distractor)

[5 puntos]

R1B Answers

1V 2F 3V 4F 5F

[5 puntos]

L3 *¿Qué es una droga?*

L3 Transcript

Primera parte

Entrevistador   Las drogas psicotrópicas son las que actúan sobre el sistema nervioso central...

Experta   Sí. Hay tres grupos de drogas psicotrópicas: los depresores, los estimulantes y los perturbadores. Los depresores son drogas como el alcohol, los sedantes, y los narcóticos como el opio, la morfina y la heroína.

Entrevistador   ¿Y los estimulantes?

Experta   Los estimulantes son las anfetaminas, la cocaína, el tabaco, la cafeína. Y los perturbadores del sistema nervioso central incluyen alucinógenos como el LSD y la mescalina, y también el cannabis, la marihuana, y el hachís.

Segunda parte

Entrevistador   Se habla mucho de las drogas "duras" y las drogas "blandas". ¿Cómo se agrupan?

Experta   Esta clasificación está basada en la peligrosidad de cada droga en relación con la dependencia. Pero resulta arbitraria en la medida en que es imposible determinar previamente y con precisión absoluta la forma en que cada individuo reaccionará a la misma droga.

Entrevistador   Pero las drogas duras son más destructivas que las blandas, ¿verdad?

Experta   Sí. Algunas sustancias resultan más peligrosas en dosis menores para la mayoría de las personas y son definitivamente más destructivas e incontrolables que otras. Por ejemplo, unos pocos ensayos con la heroína suelen producir dependencia física, sin que a veces el experimentador pueda evitarlo.

Entrevistador   ¿Cuáles son las drogas duras más corrientes?

Experta   Las drogas duras son en primer lugar los opiáceos (heroína, morfina), los barbitúricos y el alcohol, seguidos por la cocaína y las anfetaminas.

Entrevistador   ¿El alcohol?

Experta   Sí. El alcohol produce un estado de dependencia muy grave, pero tarda mucho más en desarrollarse.

Entrevistador   Se suele pensar que las drogas duras son ilegales.

Experta   Conviene notar que el alcohol, que no es una droga ilegal, figura entre las drogas "duras", lo mismo que la mayoría de los comprimidos y grageas que la gente consume sin la más mínima conciencia de estar "drogándose". El alcohol y los barbitúricos pueden causar la muerte cuando su consumo excesivo habitual se interrumpe bruscamente y sin que el individuo reciba el tratamiento médico adecuado.

Entrevistador   Yo entendía que las drogas ilegales tenían efectos más nocivos que las drogas legales. ¿No es verdad?

Experta   ¡No! La clasificación de las drogas legalmente permitidas o prohibidas es también arbitraria, por cuanto no tiene relación alguna con el grado de toxicidad real de la sustancia. La ilegalidad de una droga no se ha determinado en función de la gravedad de los problemas sanitarios o sociales que su abuso puede acarrear, sino más bien con base en otros factores: económicos, culturales o simplemente políticos.

Entrevistador   ¿Nos puede aclarar esto?

Experta   En varias reuniones internacionales, representantes del Tercer Mundo hicieron notar que los tratados internacionales tienden a prohibir las drogas producidas en los "países pobres", como el opio o la coca, mientras que legalizan las drogas producidas y comercializadas por los "países ricos" – bebidas alcohólicas, cigarrillos, y diversos comprimidos.

L3A Answers
Depresores – alcohol, sedantes, opio, morfina, heroína
Estimulantes – anfetaminas, cocaína, tabaco, cafeína
Perturbadores – LSD, mescalina, cannabis, marihuana, hachís

[7 puntos]

LB3 Answers
1 duras **2** peligrosas **3** dependencia
4 reaccionará **5** arbitraria **6** toxicidad
7 legal **8** políticos

[8 puntos]

L4   *Para organizar una reunión*

L4 Transcript
Hola, buenas tardes. Soy Alonso. Mira, que te llamo para confirmar la reunión que se va a celebrar en la oficina de la calle Prim, en Reus.

Y . . . nada, un par de cosas: que Aznar ha insistido en venir en coche y, como hay tanto tráfico, probablemente llegará tarde; y luego, Cortés y González llegarán en el tren de las 9:30. Por cierto, la reunión es a las 10:00 en punto. Habrá que ir a buscarles a la estación. O sea, repito, la calle Prim, en Reus, la reunión es a las 10:00 en punto; pero llámame. Soy Alonso. El número de teléfono es el 977 31 9564. ¡Vale! Hasta luego.

L4 Answers
- Aznar probablemente va a llegar tarde: viene en coche. Cortés y González llegarán a las nueve y media en tren: hay que ir a buscarles a la estación.
- La reunión empieza a las diez de la mañana.
- El nuevo número de teléfono de Alonso es el 977 31 9564.

R2   *Traducir una carta*

R2 Answers
Dear Sir

We acknowledge receipt of your letter of 30 June. We apologise for taking such a long time to reply, but we have been very busy and we have no secretarial help at present.

I confirm that my colleague, Señor Gutiérrez, and myself will attend the meeting in Reus on 21 July. Many thanks for the invitation to dinner – can you reserve two rooms in a hotel near your office for two nights (the 21st and the previous night)? It should have a lift if possible, please: Señor Gutiérrez has broken his ankle and is on crutches. For this reason, we will also need a parking space very close to the entrance to the office.

As this will be our first visit to Reus, we don't know the route well: which is the best way to come from here? Usually we would go down to Miranda del Ebro and take the dual carriageway but I hear there are diversions and terrible traffic jams around Zaragoza. Would it be better to go to Pamplona and take the mountain route?

Can you also send us a copy of the minutes of the meeting on 28 March which took place in Madrid? We can't find them!

Hoping to hear from you soon

W1   *Respuesta a la carta*

W1 Suggested answer
Muy señor mío: Nos complacemos en mandar adjunta una copia de las actas/la documentación que pidió en su carta, y un plano de la ciudad de Reus. Hay obras en el centro y se forman embotellamientos a las horas punta por la mañana y por la tarde, así que sería mejor si llegan después de las ocho. Por la ruta de la

montaña habrá mucho tráfico turístico – por eso, recomendamos la autopista. Hemos reservado dos habitaciones para usted y su compañero para dos noches en el Hotel Tarragona, que les enviará un folleto aparte. Si nos puede dar los datos de su coche (marca, color, y número de matrícula), le reservaremos un aparcamiento en el parking subterráneo. Aquí en la oficina hay ascensor, así que no habrá problema.

Mixed skills module 2

R1 *Los alumnos españoles y el tabaco*

R1A Answers
1 70 **2** 45 **3** 30 **4** 7–8 **5** 13 **6** 12 **7** 2 **8** 5 **9** 1 **10** 2 **11** chicas **12** chicos **13** inestables emocionales **14** extrovertidos

[7 puntos]

R1B Answers
1 probado **2** iniciación **3** sido **4** frecuentes **5** facilita **6** adquisitivo **7** localiza **8** extroversión

[8 puntos]

R2 *Cómo estudiar mejor*

R2A Answers
1F 2? 3V 4F 5V 6? 7F 8?

[8 puntos]

R2B Answers
dedicado: **b** organizado: **e** pragmático: **d** enfocado: **c** cortés: **g** efectivo: **a** elocuente: **f**

[7 puntos]

R3 *Juegos electrónicos*

R3 Answers
1 triunfan
2 infantiles, investigar
3 sin, cierta
4 jueguen, recrean
5 es, que
6 antes de los
7 Para
8 Es, asegurarse, niño
9 pueden

[15 puntos]

Coursework suggestions

The following suggestions provide possible frameworks for coursework assignments.

Although coursework is part of A2 rather than AS, we have included this list in *¡Sigue! 1* as well as *¡Sigue! 2* so that those who wish to
• start coursework planning in the AS year; or
• use material from *¡Sigue! 1* as a springboard for coursework
have access to these potential starting points. For the same reason, we have indicated in the table below the units in *¡Sigue! 1* and *¡Sigue! 2* that are relevant to each suggestion.

Suggestion	*¡Sigue!* units
• Devise a questionnaire for a survey concerning young Spaniards and their spending habits: cinema? books? meals? drinks? holidays? Circulate among Spanish contacts, e.g. via a penfriend. When you have enough information, write up your findings, noting any change in spending/saving habits among Spanish teenagers between the ages of 14 and 18.	S1 u1, u3
• E-mail twenty Spanish-speaking teenagers/a class in your exchange school, sending them a questionnaire on their eating and drinking habits (times/frequency/what they eat/quantities). Invent your own questionnaire and try it out on a couple of fellow students to make sure the questions work before you send it out. Write up the information you receive, with an explanatory narrative.	S1 u3
• Find out as much as you can from Spanish sources about the importance of bullfighting in their culture. Compare your findings with your own views.	S1 u2
• Write a study of a traditional or particularly popular Spanish sport or a profile of a Spanish or Latin American sports personality.	S1 u2
• Find out about sports facilities in one town in a Spanish-speaking country.	S1 u2; S2 u7
• Survey via e-mail the opinions of Spanish TV viewers about, for example, preferred TV viewing, the levels of foreign input, etc. Invent your own questionnaire and try it out on a couple of fellow students to make sure the questions work before you send it out.	S1 u4
• Monitor the content of a Spanish-language newspaper over a set period of time. You should be able to access most major newspapers via the Internet. Write a report on what you have observed and comment on it.	S1 u4

• Monitor and review a range of adverts on a Spanish television channel or radio station.	S1 u4
• Devise your own scenario in Spanish for an episode of a 'soap'. If you wish, base it on your own life or on that of someone you know – or use your imagination!	S1 u4
• E-mail or write to a class of twenty Spanish-speaking contacts and collate their responses to questions about transport choices. Invent your own questionnaire and try it out on a couple of fellow students to make sure the questions work before you send it out.	S1 u7
• Produce a study of the AVE (tren de Alta Velocidad Español) showing its effect on the environment.	S1 u7; S2 u6
• Having recently booked a holiday to Spain, you read that the Mediterranean coast is heavily polluted. Write a letter to the Spanish tourist board expressing your concern for your family's health and safety. Then write a reply from the tourist board, answering your points.	S1 u7; S2 u6
• Devise a leaflet publicising the attractions of a region in a Spanish-speaking country, and promoting it as a holiday/tourist destination for visitors.	S1 u5, u8; S2 u7, u8
• Undertake a study of a region in a Spanish-speaking country, covering at least three of the following aspects: – employment – language – traditions – food and drink – tourism – local products.	S1 u5, u8; S2 u7, u8
• Obtain as many Spanish-language travel magazines as possible. Write about a holiday that you would like to spend in a Spanish-speaking country on a limited budget. State how you would travel, where you would go, and why.	S1 u5, u8; S2 u7, u8
• Imagine that you have a month to travel around Spain or another Spanish-speaking country. Read about the areas you might visit, plan an itinerary and a budget, and write a report which includes: – reasons for your choice of places to visit – details of your itinerary, including how you would travel – a budget showing likely costs for day-to-day living, accommodation, transport, visits, etc.	S1 u5, u7, u8; S2 u7
• Write two series of letters describing a holiday in a Spanish-speaking country. One set of letters is intended for an anxious parent, the other for friends you want to impress.	S1 u7
• Carry out a study comparing two contrasting regions, one urban and one rural, from the point of view of: – employment – transport – environmental issues.	S1 u5; S2 u6, u7
• A Spanish-speaking friend is coming to spend some time at your school. Write to your friend explaining in detail the educational system in your school/college and the differences from his/her own region.	S2 u2
• Obtain as much information as possible, from Spanish sources, about language courses in Spain for foreigners. Use the information to describe a fortnight-long course, writing about where you would go and what you would do and see.	S2 u2
• Provide an analysis of the 16+ training routes available in Spain or your chosen Spanish-speaking country.	S2 u2
• Research holiday job opportunities in Spain available to people of your own age and experience and report on your findings: what qualifications are preferred/demanded for the kind of job you would like to do?	S2 u2
• You want a summer job in Spain. Draw up your CV, and write a covering letter, in Spanish, to each of the following employers, stating in each case your suitability for the type of work likely to be available. 1 A hotel/restaurant 2 The Spanish branch of a multi-national company 3 A supermarket chain 4 A theme park	S2 u2, u3
• Re-read the item in Unit 3 of ¡Sigue! 2 about the woman whose husband refused to let her be a soldier. Devise a dialogue between the husband and wife in which each expresses the reasons for his/her views.	S2 u3
• Choose one Spanish product and make a study of how it is produced, packaged and marketed. Contact at least one Spanish company which makes the product and obtain information from them; do research on the Internet and report on your findings; if you can, make contact with an individual who works for the company.	S2 u3
• Write an article about an environmental project which is being/has been carried out in a Spanish-speaking region, describing the contributions made by individuals and the authorities.	S2 u6
• Write an account, from the point of view of a parent, of their child's addiction to drugs. Describe the circumstances leading to this addiction, the measures taken to combat it, and their feelings.	S1 u3; S2 u5
• Devise a survey on smoking to be circulated by your Spanish friend. When you receive the completed questionnaire, compile a report on smoking habits in Spain. Compare your findings with what you know or can find out about smoking among people of your own age in your own country.	S1 u3
• You are an illegal immigrant in a Spanish-speaking country. Write to a national newspaper explaining the circumstances which led to your being in that country, your present situation, and your hopes/fears for the future.	S2 u4
• Your Spanish penfriend has written to you about his/her new boy/girlfriend who is not Spanish. The couple are experiencing various problems due to the boyfriend's/girlfriend's ethnic origin. Write your penfriend's letter – and your reply.	S2 u4
• Put together a brochure encouraging people to be more environmentally aware. Give as much advice as you can on what people can do to help the environment in their everyday lives.	S2 u6
• Write two visions of the future: – a gloomy one, describing how people will continue to plunder and destroy the environment – an optimistic one in which people recognise the errors of their ways and change their behaviour.	S2 u6